新时代高校基本建设 精细化管理研究

陈吕容 王珍 康杰 著

西南交通大学出版社
·成都·

图书在版编目（CIP）数据

新时代高校基本建设精细化管理研究 / 陈吕容，王珍，康杰著. —成都：西南交通大学出版社，2021.1
ISBN 978-7-5643-7902-5

Ⅰ. ①新… Ⅱ. ①陈… ②王… ③康… Ⅲ. ①高等学校 – 基本建设 – 高校管理 – 研究 Ⅳ. ①G647

中国版本图书馆 CIP 数据核字（2020）第 255306 号

Xinshidai Gaoxiao Jiben Jianshe Jingxihua Guanli Yanjiu
新时代高校基本建设精细化管理研究

陈吕容　王　珍　康　杰 / 著　　　责任编辑 / 李芷柔
　　　　　　　　　　　　　　　　　封面设计 / 墨创文化

西南交通大学出版社出版发行
（四川省成都市金牛区二环路北一段 111 号西南交通大学创新大厦 21 楼　610031）
发行部电话　028-87600564　028-87600533
网址　http://www.xnjdcbs.com
印刷　成都勤德印务有限公司

成品尺寸　170 mm×230 mm
印张　11　字数　198 千
版次　2021 年 1 月第 1 版　　印次　2021 年 1 月第 1 次

书号　ISBN 978-7-5643-7902-5
定价　68.00 元

图书如有印装质量问题　本社负责退换
版权所有　盗版必究　举报电话：028-87600562

前言

党的十九大报告中提出"要优先发展教育事业"与"加快一流大学和一流学科的建设",新时代下为适应社会与时代的需求,各高校争先进行"双一流"与"双高"建设,而无论是"双一流"还是"双高"建设都离不开高校的基本建设作为发展基础。随着高校基本建设规模不断扩大,国家对建设资金的监管更加严格,对资金使用的效率要求更高,需要更精细化的基本建设管理作为保障。近年来,虽然通过深化教育体制改革和推动体制创新,我国高校逐步改善了办学条件,实现由办学规模扩张向内涵建设的转变,高校基建管理也形成了一系列较成熟的管理体系,但由于高校基本建设管理具有政策性强、周期长、受市场影响大、需协调事务繁多等特点,加之我国正处于建设管理规制及建造技术发展大变革的新时期,高校基本建设精细化管理面临着制度革新、模式创新、思维与理念更新、实践与管理跟进等多方面的挑战。

虽然高校的基本建设取得了长足的发展,但其精细化管理在体制机制、人才队伍、管理水平等方面的研究还相对薄弱,研究的专著也不多见,高校基本建设精细化管理理论也较为缺乏。本书致力于在理论和方法上深化对基建精细化管理的认识与探讨,而且对于高校基本建设项目的有序实施,规范高校基本建设管理体制等方面提出精细化管理方法,希望能为高校基建精细化管理工作提供一定的借鉴和参考。

本书在分析我国高校基本建设管理经验基础上,结合实践中存在的突出问题,从理论、实践以及个案案例分析等层面对高校基本建设精细化管理进行详细阐述。第一章系统梳理了我国高校基本建设管理和程序的内涵,第二章剖析了新时代高校基本建设管理现状、存在的问题以及面临的挑战,第三章对高校基本建设精细化管理的理论和未来面对的挑战进行了总结与探讨,第四章阐述了新时代高校基建管理机制建设,第五章至第十二章分析了新时代下项目的决策、招投标管理优化、强化合同管理、创新校园建设规划、监理管理、勘察设计管理、施工过程管理、项目后期管理等方面面临的问题和挑战，并对其精细化管理的措施和策略进行了探讨，第十三章分析了对高校基建管理与廉政建设，对防止高校基建管理领域的腐败现象提出了建设性的方法和建议。

在撰写过程中，本书参考了许多专家学者的研究成果和著作，并得到了西南交大出版社编辑老师的帮助，在此深表诚挚谢意！

由于著者水平和能力有限，书中不妥之处在所难免，敬请读者批评指正。

作 者

2020 年 12 月

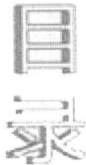

第一章	绪　论	001
	第一节　基本建设管理概述	001
	第二节　基本建设程序	010
第二章	新时代高校基本建设管理内涵	012
	第一节　高校基本建设管理	012
	第二节　高校基本建设管理的组织形式	017
	第三节　新时代高校基本建设管理所面临的挑战	020
第三章	新时代下高校基本建设管理的理论研究	027
	第一节　高校基本建设管理的基本原理	027
	第二节　未来管理的挑战	031
第四章	新时代下高校基本建设管理机制建设	038
	第一节　基本建设项目决策机制建设	038
	第二节　基建管理的信息化建设	041
	第三节　基本建设项目经费管理	045
	第四节　管理队伍建设	047

第五章　建设项目决策的精细化管理　　049

第一节　项目决策　　049
第二节　新时代高校基本建设项目决策面临的挑战　　051
第三节　项目决策的精细化管理　　053

第六章　建设项目招投标的精细化管理　　057

第一节　招投标管理　　057
第二节　高校招投标管理面临的挑战　　059
第三节　公开招投标工作的精细化管理　　064
第四节　校内招投标项目的精细化管理　　072

第七章　建设项目合同的精细化管理　　076

第一节　基本建设合同管理　　076
第二节　合同签订管理　　080
第三节　合同执行管理　　090

第八章　校园规划的精细化管理　　092

第一节　校园规划　　092
第二节　校园规划的精细化管理　　096

第九章　建设项目监理的精细化管理　　099

第一节　建设工程监理　　099
第二节　工程监理面临的问题和挑战　　103
第三节　工程监理的精细化管理措施　　105

第十章　建设项目勘察设计的精细化管理　　110

第一节　勘察设计　　110
第二节　勘察管理的精细化　　112

	第三节　设计管理的精细化	114
第十一章	**建设项目施工过程的精细化管理**	**119**
	第一节　施工质量管理	119
	第二节　施工进度控制管理	127
	第三节　施工安全管理	131
	第四节　施工阶段投资控制管理	136
第十二章	**建设项目后期的精细化管理**	**142**
	第一节　建设项目竣工结（决）算的精细化管理	142
	第二节　基建项目移交的精细化管理	147
	第三节　基建项目的后评价管理	150
第十三章	**基建管理与廉政建设**	**154**
	第一节　基建管理中廉政建设的重要性和必要性	154
	第二节　新时代下高校基建管理中廉政建设面临的挑战	156
	第三节　构筑高校基建领域的廉政建设防控体系	158
参考文献		**163**

第一章 绪论

第一节 基本建设管理概述

一、基本建设

"基本建设"最初是 1926 年斯大林在一次报告中提出来的,最初含义是指"社会主义经济中最基本的、需要耗用大量资金和劳动的固定资产建设"。基本建设有别于流动资产的投资和形成过程,它是资金投入社会建设后最终形成的固定资产,也有翻译称之为"资本建设"或"资金建设",英、美两国称之为"固定资本投资"或"资本支出",日本则翻译为"建设投资"。我国从 1950 年起正式使用"基本建设"这个词,将其定义为"把一定的建设材料、机械设备和资金,通过购置、建造和安装等活动转化为固定资产,形成新的生产能力或使用有效益的经济活动"[①]。

(一)基本建设内容

基本建设在经济建设中具有重要意义,它是社会扩大再生产的重要手段,是国民经济发展的物质基础。一个国家的基本建设一方面具有其作为固定资产的使用价值,另一方面也代表了当时社会在建筑风格、科技水平、综合国力等方面的实力,具有很强的时代特征,因此基本建设不仅是一门技术或艺术,也是国家经济和文化符号。

基本建设的主要内容包括:

1. 建筑安装工程

包括土木建筑、水利工程建筑、矿井开凿、生产、动力、运输、实验等各

---

① 颜兴中. 中国公办普通高校基本建设项目前期管理研究[D]. 长沙:中南大学,2011.

种需要安装的机械设备的装配，以及与设备相连的工作台等装备工程。

2. 设备购置

购置工具、器具和设备等。

3. 其　他

包括勘察、设计、科学研究实验、试运转、征地、拆迁和建设单位管理工作等。

（二）基本建设的分类

基建项目的建设是国民经济建设事业的基础，为了方便对基本建设项目进行计划与管理，国家对基本建设项目有严格的分类。

基本建设按管理需要的不同，有不同的分类标准。

1. 按照基本建设项目的性质分

（1）新建项目。

新建项目是指企业或单位从无到有，从头开始建设的新项目。若原有基本建设项目规模很小，企业或单位在扩大其建设规模后，新增加的固定资产价值超过原有固定资产价值三倍及以上的，也算新建项目。

（2）扩建项目。

扩建项目是指原有企业或单位为扩大原有的生产能力或效益而在原有基本建设项目的基础上，继续扩大原有工程项目规模或投资的建设项目。

（3）改建项目。

改建项目是指原有企业或单位为提高自身生产效率、改进产品质量或改变新产品方向而对原有设备或工程进行改造的项目。部分企业为了平衡生产能力，增建一些附属、辅助车间或非生产性工程，也算改建项目。

（4）迁建项目。

拆建项目是指原有企业或单位由于各种原因搬迁到另一个地址建设的项目。在迁建项目中符合新建、扩建、改建条件的，应分别作为新建、扩建或改建项目。其中迁建项目不包括留在原址的部分。

（5）恢复项目。

恢复项目是指企业或单位因自然灾害、战争等不可抗力的原因，使原有固定资产部分或全部报废后又投资按原有规模重新恢复起来的项目。若是在恢复同时进行扩建的项目，应作为扩建项目。

2. 按照基本建设项目的经济用途分

（1）生产性项目。

生产性项目是指直接用于物质生产或直接为物质生产服务的项目，主要包括工业项目（含矿业）、建筑业、地质资源勘探及农林水有关的生产项目、运输邮电项目、商业和物资供应项目等。

（2）非生产性项目。

非生产性项目是指直接用于满足人民物质和文化生活需要的项目，主要包括文教卫生、科学研究、社会福利、公用事业建设、行政机关和团体办公用房建设等项目。

3. 按照基本建设项目的总规模或总投资分

可以分为以下三类：（1）大型项目；（2）中型项目；（3）小型项目。

基本建设大中小型项目，是按项目的建设总规模或总投资来确定的。新建项目按一个项目的全部设计能力或所需的全部投资（总概算）计算；扩建项目按扩建新增的设计能力或扩建所需投资（扩建总概算）计算，不包括扩建前原有的生产能力。

国家规定的分类标准参照国家发展和改革委员会（含原国家发展计划委员会、原国家计划委员会）、国家建设委员会（已变更）、财政部在一九七八年四月二十二日颁布的《关于基本建设项目和大中型划分标准的规定》中规定，"基本建设划分大中小型项目原则上应按照上级批准的设计任务书或初步设计所确定的总规模或总投资划分，没有正式批准设计任务书或初步设计的，按国家或省、自治区、直辖市年度基本建设投资计划中所列的总规模或总投资划分。上述两条均不具备的，按本年计划施工工程的建设总规模或总投资划分。生产单一产品的工业项目，按产品的设计能力划分；生产多种产品的工业项目，按其主要产品的设计能力划分。品种繁多，难以按生产能力划分的，按全部计划投资额划分。"

4. 按照基本建设项目的建设过程分

（1）筹建项目。

筹建项目是指正在进行选址、规划、设计等施工前各项准备工作但还并未开工建设的项目。

（2）施工项目。

施工项目是指在报告期内实际施工的建设项目，包括报告期内新开工的项目、上期跨入报告期续建的项目、以前停建而在本期复工的项目、报告期施工并在报告期建成投产或停建的项目。

（3）投产项目。

投产项目是指整个基本建设项目已按照报告期内按设计规定的内容全部建成，形成设计规定的生产能力或效益并经正式验收移交生产或使用部门，正式投入使用的基本建设项目，包括全部建成投产和部分建成投产项目。

① 全部建成投产项目。全部建成投产项目指通过施工全部建成总体设计所规定的内容并经验收鉴定合格、正式移交生产或使用的基本建设项目。针对生产性项目而言，是指总体设计规定的所有产品生产线全部建成，经负荷试运转验收鉴定合格正式交付生产的建设项目。针对非生产性项目而言，是指总体设计规定的工程全部建成，能够发挥设计规定的全部效益，经验收鉴定合格正式交付使用的基本建设项目[1]。

在这类项目中，工业项目和非工业项目有不同的内容和要求。工业项目，是指全部建设项目的生产性车间及其相应的辅助设施，按照批准的设计文件所规定的内容全部建成，经负荷试运转、验收鉴定合格，正式移交生产部门投产使用的建设项目。非工业项目，是指设计文件中规定的工程全部建成，能够发挥设计规定的全部效益，经验收鉴定合格，正式移交使用的项目[2]。

② 部分建成投产项目。部分建成投产项目是指总体设计中的一部分可以独立发挥效益的工程，按设计规定建成和经验收鉴定合格后交付生产或使用的建设项目。对于生产性建设项目而言，是指总体设计规定的多种主要产品之一的车间或生产线完整建成，或单一产品项目中的一部分生产线完整建成，经负荷试运转、验收鉴定合格后，正式移交生产部门的建设项目。对于非生产性建设项目而言，是指总体设计中规定的一部分可以独立发挥作用的工程完整建成，经验收合格后正式交付使用的建设项目[3]。

在这类项目中，工业项目和非工业项目有不同的内容和要求。工业项目，是指设计文件中规定的一种或几种产品的生产车间或生产线完整建成，经过试运转、验收鉴定合格，正式移交生产部门的建设项目。非工业项目，是指设计文件中规定的独立工程完整建成，能够发挥设计规定的部分能力或效益，经验收鉴定合格，正式交付使用的建设项目。

判断是否为部分投产项目有两个条件：一是判断建设项目是否增加设计规

---

[1] 何盛明. 财经大辞典[M]. 中国财政经济出版社，1990.
[2] 王文元，夏伯忠. 新编会计大辞典[M]. 辽宁人民出版社，1991.
[3] 何盛明. 财经大辞典[M]. 中国财政经济出版社，1990.

定的最终产品或主要产品的生产能力（或使用效益）。二是判断建设项目是否设计规定的工程。一个建设项目在其全部建成投产前可能有多次部分投产，但直到全部建成投产前它只能算一个部分投产项目，并以它的第一次投产日期作为部分投产日期[①]。

（4）收尾项目。

收尾项目是指已经建成投产和已经组织验收，项目设计建设任务书内容已全部建成，但还遗留少量尾工需继续进行扫尾的建设项目。

（5）停缓建项目。

停缓建项目是指根据现有人力、财力、物力和国民经济调整的要求，在计划期内停止或暂缓建设的项目。

5. 按照基本建设项目的工作阶段分

（1）前期工作项目。

前期工作项目是指已批准项目建议书，正在做可行性研究或者进行初步设计（或扩初设计）的项目。

（2）预备项目。

预备项目指已批准可行性研究报告和初步设计（或扩初设计），正在进行施工准备待转入正式计划的项目。

（3）新开工项目。

新开工项目指施工准备已经就绪，经批准，报告期内计划新开工建设的项目。

（4）续建项目。

续建项目（包括报告期建成投产项目）指在报告期之前已开始建设，跨入报告期继续施工的项目。

6. 按项目隶属关系划分

（1）中央项目（部直属项目）。

中央项目是指中央各主管部门直接安排和管理的企业、事业和行政单位的建设项目。这些项目的基本建设计划，由中央各主管部门编制、报批和下达。所需的统配物资和主要设备以及建设过程中存在的问题，均由中央各主管部门直接供应和解决。

---

① 何盛明. 财经大辞典[M]. 中国财政经济出版社，1990.

（2）地方项目。

地方项目指由省、市、自治区和地（市）、县等各级地方直接安排和管理的企业、事业、行政单位的建设项目。这些项目的基本建设计划由各级地方主管部门编制、报批和下达，所需物资和设备由各地方主管部门直接供应。

（三）基本建设的特点

1. 规模性

基本建设也是国民经济各部门为发展生产而进行的固定资产的扩大再生产，即国民经济各部门为增加固定资产而进行的建筑、购置和安装工作的总称，例如公路、铁路、桥梁和各类工业及民用建筑等工程的新建、改建、扩建、恢复工程，以及机器设备、车辆船舶的购置安装及与之有关的工作，一般建设的投资成本高且具有一定的规模性，并且基本建设项目的整体性较强，建设程序规划、审批、建设及验收等程序多，需要大量的人力、物力与财力，在一定的时间周期内共同配合才能完成。

2. 综合性

基本建设具有很强的综合性，其建设过程涉及多门专业学科、众多部门及成员，项目的建设需要很多单位提供产品、技术和服务才能完成，完成后还需大量的外部条件支持才能发挥其预期效益。如工程设计、工程规划、工程造价、项目监督管理、档案管理、项目资金使用等都关系到提高基本建设项目的建设效益。

3. 固定性

基本建设的固定性主要是指建设工程地址的固定以及建设程序的固定。基本建设项目的地址都实施在选定的地点，并且一般在建设完成后不会移动，因此，若选址不当，项目将成为建设企业或单位的长期包袱。此外基本建设程序也是相对固定的，先做什么后做什么都有严格的要求。

4. 复杂性

基本建设的复杂性主要表现在基本建设项目容易受市场变化、国家政策调整和自然环境条件的影响，使得组织工程建设的组织工作非常复杂，因此，在实施建设过程中必须合理安排组织影响建设的各种条件因素。

5. 规范性

基本建设的规范性主要表现为程序的规范、法律的规范。基本建设的整个建设过程国家都有详细的规定，行业也有相应的技术规范，整个建设过程必须按基本建设程序，有计划地按相应的步骤执行，任何形式的中断、跨越、违序都会造成损失。

如建设单位应依据法律法规对建设工程项目进行规划、招投标等，依据相关规范，组织各方对工程进行验收、工程竣工结（决）算；勘察设计单位必须依据"勘察设计规范"的相关规定进行勘察设计；施工单位必须依据"施工规范""工程技术规程"及"质量检验标准"等规范进行项目的施工；监理单位应依据法律法规、工程建设标准、勘察设计文件及合同等协助建设单位对工程的质量、造价、进度进行控制，充分履行建设工程安全生产管理规定的职责[①]。

二、基本建设管理

基本建设管理是指在工程项目生命周期内，用系统工程的观点、理论和方法，对基本建设工程项目的活动过程组织实施决策、计划、指挥、协调、控制与监督等管理活动，使工程项目在既定的环境和资源约束条件下，实现基本建设工程的投资、质量、进度控制的目标。

基本建设工程项目按实施过程分为项目前期阶段（可行性研究、资金计划安排等）、项目实施阶段（手续办理、招投标、勘察设计、施工及竣工验收）、项目后期阶段[工程结（决）算、资料归档、项目后评价]，基本建设管理是为完成基本建设工作任务而在规划、设计、资金、施工等基本建设工作各阶段、全过程所进行的工作管理，它贯穿于一个工程项目的全部过程，主要内容包括项目前期管理、项目实施阶段管理和项目后期管理。同时它涉及多个单位和部门，如建设单位、咨询单位、设计单位、施工单位、政府主管部门、材料设备的供应单位等，各单位在项目管理工作中联系密切，各自为项目的顺利完成而承担着不同的任务。

（一）基本建设管理的特点

基本建设项目一般有较大规模，为了保证建设单位资金的使用效率，建设单位要对基本建设的管理的特点有一定程度的了解，才能对其进行精细化的管理。

基本建设管理具有以下特点：

[①] 万珍珍. 高校基本建设管理现状及措施研究[J]. 项目管理技术，2019（03）：143-148.

1. 程序性

基本建设项目具有建设周期长、建设程序繁杂的特点。同时建设项目的具体实施需要一定周期，而且还要受市场环境等的影响，一个建设项目在顺利办理手续的情况下，速度快的用时需半年多，速度慢的甚至需要几年、几十年才能完成。

为了保证基本建设能够在规定时间内高效率地被建设完成，国家对基本建设的程序制定了严格的规定，所有基本建设程序都必须依照所规定的程序执行。一个基本建设项目从立项到正式投入使用，需要多次往返于发改、规划建设、自然资源、环保、交通、城管、消防、人防等各级政府相关职能部门办理各种建设手续的审批，各类手续环环相扣，任何一个环节出现需整改的问题，都会影响后续工作。

2. 综合性

基本建设管理是一项综合性的工作，管理工作涉及面广、内容多而杂，耗时较长，又具有很强的系统性和连续性，每一个基本建设项目必须由建设、施工、设计、监理等多个单位主体协作完成，并且针对不同基本建设项目，其技术要求也有所不同，要求其管理人员必须认真组织管理、多方协调、组织和熟悉不同的技术特点，保证各工作环节的紧密配合及协调一致，才能顺利完成基本建设管理工作的目标任务。

3. 多变性

基本建设项目的工艺流程、使用功能、建筑风格、建设类型、建设布局的差异性及管理对象的参差不齐，使得基本建设管理的难度相对较大；同时由于项目建设场地的多变、市场环境的多变及施工、设计、监理等接触的相关单位部门的多变性和不确定性，因此要求管理要适应相应的变化，不断调整策略来对项目建设进行管理，以保证项目的顺利进行。

4. 技术性

基本建设具有规范性特点，基本建设的管理也就需要通过一些技术性手段对基本建设进行规范性管理。在管理过程中基本建设工作要求对每一个程序步骤都必须经过各主管部门的审批，都具有相应的规范规定；工程项目的方案论证、招投标、施工图设计、工程施工及工程验收、工程竣工结（决）算等各个环节的管理都离不开技术，同时从事基本建设管理人员的需要具有相关技术和经济管理方面的知识，也只有不断提高基本建设管理的人员技术水平和知识水平，适应技术革新和市场变化，才有可能做好基本建设的管理工作，进而保证建筑产品的质量和投资效益。

（二）基本建设管理的发展历程

随着社会的发展和科技的进步，基本建设管理也不断发展变化，出现了多种多样的管理方式。虽然各国基本建设管理方式的发展历程各不相同且各具特点，但是它们所经历的发展阶段基本上还是比较相似的。

基本建设管理的发展过程可大致分为六个阶段：

1. 萌芽阶段：十三世纪

基本建设的概念是从1926年开始正式提出的，在此之前，没有关于基本建设管理方面的理论。在萌芽阶段中基本建设管理主要采用的是建设单位自主管理模式。在当时经济条件的限制下，基本建设项目都比较简单，建设单位一般直接雇用工匠并自行组织进行工程建造工作，因此对于基本建设的管理也是直接通过工匠们或业主们自主进行管理的。

2. 分工阶段：十三世纪至十六世纪

在这一阶段，社会在经济、文化与科技上都取得了的大力发展，再加上社会分工的出现，催生了主要进行建设项目设计工作的职业建筑师和代表建设单位对建筑工程实施组织管理的职业营造师，并且基本建设项目的结构与功能逐渐变得比较复杂，也影响着基本建设管理的发展。由于基础项目建设的规模逐渐扩大，对管理的要求也越来越高。

3. 发展阶段：十六世纪至十九世纪

在这一阶段，建设单位自主管理模式逐渐消失，被承发包模式替代，出现了职业承包商，市场上逐步形成了建设单位、顾问单位、承包商三者相互独立又相互协作的合同关系。伴随着现代化大工业的进一步发展，对基本建设工程的建设技术要求越来越高、标准越来越严格，并且建设规模也越来越大，社会分工也更加细化，除了从事基本建设工程设计师和施工管理的建筑师、结构工程师外，还有专门从事水、暖、电等设计的设备工程师，从事工程测量的服务工程师以及合同管理的工料测量师等，基本建设管理的分工越来越细致。特别是进入十八世纪之后，随着基本建设项目规模的逐渐扩大，承包商也感觉到仅凭自己的力量难以完成一项复杂的基本建设工程项目，因此形成了总承包商下又有分承包商这一模式。而工程承发包模式也不断改革、发展与完善，使基本建设项目管理模式呈现出多元化的局面。

4. 现代化阶段：十九世纪至今

由于基本建设工程逐步向技术工艺复杂化、规模大型化发展，基本建设管理的理论、方法、手段也在不断进步，西方一些发达国家开始注重对基本建设管理理论的研究，并将其理论研究成果应用到基本建设的管理实践中。与此同时，产生了能代表建设单位进行基本建设管理的项目管理咨询单位，形成了现在的基本建设管理模式[①]。

第二节　基本建设程序

基本建设程序是指按国家建设工程的规定和工程施工的技术规范要求，建设项目从策划立项到投入使用的工作环节所必须遵循的先后顺序，在整个基本建设的过程中，要科学处理从规划、项目决策、招投标、勘察设计、施工，到竣工验收交付使用等各个阶段之间的相互关系，虽然环节之间的顺序不能随意改变，但为了项目的推进可以合理交叉，以达到提高投资经济效益和社会效益的目的。

基本建设是现代化大生产，从项目决策、勘探设计、施工、验收到投入使用，要经过许多必需的阶段，每个阶段又包含着相应的许多环节，都有各自不同的工作步骤和内容，具有客观规律性，它们按照本身固有的规律有机地结合在一起，并按照客观要求的先后顺序进行，这些阶段和环节构成了基本建设程序的内容。

按照基本建设的技术经济特点以及其规律性，基本建设程序主要包括七个步骤，这些步骤的先后顺序如下：

1. 编制项目建议书和可行性研究报告

基本建设程序中的第一步是对建设项目的必要性和可行性进行论证研究，论证和评价项目在技术和经济上是否可行，并对不同方案进行分析比较，对拟建项目建设方式、地点、资金等内容进行详细的分析和决策。

---

① 郭霄鹏. 陕西省划转高校基建工程项目管理模式研究[D]. 西安：西安石油大学，2012.

2. 办理工程项目建设前期手续

项目建议书与可行性研究报告通过后,可按程序申请基本建设项目立项,办理用地许可、规划许可等手续。

3. 对监理、地勘、设计等进行招投标后,进行地勘、设计

通过对项目的初步设计与施工图设计,从技术上和经济上对拟建工程给出详尽的设计和说明。

4. 建设场地准备

建设场地准备包括征地拆迁和施工场地的"三通一平"(通水、通电、通路、土地平整和拆除不需要的设施),以及其他各项准备工作。

5. 对施工等进行招投标后,办理施工许可证,组织施工

准备工作就绪后,对建设工程进行招投标,并遵循施工程序,按照设计要求和施工技术验收规范,进行施工。

6. 验收使用

按照规定的标准和程序,对竣工工程进行验收,对项目进行竣工决算,办理固定资产交付使用的相关手续。

7. 项目后评价

项目完工后对整个项目的造价、工期、质量、安全等各项指标进行分析评价或类似项目进行对比评价。最后对整个建设工程的资料进行保存。[1]

---

[1] 郭南震. 基建项目临时设施档案的归档利用亟待关注[J]. 档案与建设,2014(10):84—85.

第二章
新时代高校基本建设管理内涵

近年来,随着我国高等教育的迅猛发展,高校规模和数量不断扩大、基本建设投资加大、项目增多,基本建设程序要求更加规范、严格。新标准、新技术、新规范的不断实施和提高,使得高校基本建设管理必须面对新的形势和挑战,基建管理水平也必须顺应时代的变化,不断革新和提高。

第一节 高校基本建设管理

一、高校基本建设

高校基本建设是指使用国有资金、自筹资金、贷款、捐赠款,以高校为法人的全部或部分联建、共建,在高校校园范围内且产权归属高校的建筑物和构筑物的新建、改建、扩建、附属工程(含装饰装修、房屋维修改造、道路管网改造、环境绿化景观建造、电力改造增容、供水供气、体育设施修建、校门围墙修建、临时设施增设等)及抢险应急工程。它是高校赖以生存和发展的基础性条件之一,其所提供的产品和服务,不仅是学校教学、科研和人才培养的前提,也是学校师生、员工正常生活、工作和学习的重要保障。

(一)高校基本建设的目的

高校的基本建设项目的整体规模与质量决定了该校的教育教学、实验实训、全体教职员工生活的能力。不同类型、不同规模、不同时期的高校面临着不同的需求,高校基本建设也就围绕相应需求而服务,建设项目的规模等指标,都取决于高校自身的定位、特色、办学规模、周边环境状况等,其主要目的有以下四点。

1. 为师生教学、科研、生活提供保障服务

师生是高校的主体，其对学习、工作、生活有基本要求。学校基本建设的主要内容是建设教学楼、实验楼、师生宿舍、食堂、运动场馆、校园景观及相应配套设施等，这些设施条件是师生工作生活的基本需求，也是办学的基本条件，离开服务师生这一主体，学校的基本建设就失去了意义。

2. 适应学校发展需要

随着社会的发展，高校教学方式的不断变化，现代化教学方式、师徒教学、专业调整增多，完全打破了过去单一的教学模式，加上择师选课、学科交流、实践教学等其他因素变化，原有的建设已不能满足需要，因此高校的基本建设就要随着社会的进步不断满足学校的发展需要。

3. 提高办学效益

基本建设的投资量大，校园规划是否合理，建筑功能、面积等是否满足需要，管理水平的高低直接影响学校办学的经济效益和社会效益的好坏，这也就必然要求高校基本建设提高管理水平，保证工程质量，降低工程造价，确保办学效益。

4. 为建筑业提供开创性经验

高校基本建设也是国家基本建设中重要的一环，属于建筑业。由于基本建设投资多元化和市场经济的不断规范，高校基本建设就必须按社会化的相关程序完成，这些大规模的建设与市场经济的接轨，将提高高校基本建设管理的整体水平。因此，其管理理论和实践能力必将为建筑行业提供开创性的经验。

（二）高校基本建设的特点

高校基本建设除具有与基本建设一般特征外，它还具有以下特点：

1. 项目的公益性

高校的所有建设项目是为公共教育事业服务的，非经营性是其基本属性，建设和使用目的就是满足教学、科研和师生生活的需要，没有直接的经营收益。高校基本建设也就必须深刻理解高等教育的教育理念，掌握高校的办学模式、学科建设、教学管理等基本情况，努力为人才培养和科学研究以及师生生活提供良好的物质环境，将经济效益与社会效益并重。

2. 服务对象的固定性

高校的任务之一是培养教育学生，让学生具有一技之长，成为社会有用之才。其基本建设也就必然要围绕学生的培养教育工作进行，为师生的教学、科研、生活服务。因此高校的基本建设的服务对象是固定不变的，要认真了解、分析服务对象的需求，改善服务质量，才能让基本建设更好地为学校发展服务。

3. 资金来源局限性与管理的多样性

随着社会的发展，高校基本建设的资金来源也由原来单一的财政收入，逐步转变为财政收入、国家项目拨款、学校自筹、校企合作、社会捐助、拆迁补偿等多种方式，但高校在基本建设上的资金来源还是有限的，且数量不大，在一定程度上影响了学校基本建设的规模、档次和标准，也必然影响学校的发展，这就要求高校的基建管理部门必须认真规划、加强管理，提高投资效益。

对于高校来说，基建项目的资金来源不同，在项目管理上也就会导致的侧重点有所不同，甚至在管理模式上都会改变。如对于社会捐助项目来说，捐资方可能会要求校方聘请专业项目管理公司（PM）来管理项目，部分全资捐建项目的捐资方会直接参与项目的设计、采购和施工，采用建设移交（BT）或工程总承包（EPC）的项目管理模式来完成基本建设项目。高校基本建设投资来源的多样性，相当程度上决定了其管理模式的多样性。

4. 项目功能的综合性

高校大部分建筑要求具有多种功能服务，不仅要有教学、科研、办公、实验、生活等多种功能，而且还要能够实现各种功能的转变，因为高校对建筑的要求随时会发生变化，针对不同对象进行服务，建筑物就要满足不同需求。

如某高校要在一个楼中布置生物和化工、土木工程和建筑、医药卫生等专业基础实验实训室，这对物理化学实验室的排污、通风系统具有较高的设计需求，同时要求美术和绘画教室的采光照明不同于普通教室，人体标本和医学检验室的环境温控设计为恒温无尘等。

5. 项目环境的特殊性

高校基本建设项目都是在校园中，往往呈现出施工项目数量多，规模大小不一，施工地点零散的特点，为了避免给学校教学与生活秩序造成影响，基本建设项目一般安排在寒假或者暑假进行施工。另外，高校对于建设的周期、施工时间、敏感区域噪音控制及安全等都具有较高的要求。

二、高校基本建设管理

高校基本建设是指高校增添固定资产的建设，是涉及学校长期稳定发展的主要物质基础，基本建设管理是指高等学校内部建设项目的立项、报建、设计、招投标、施工、竣工验收、工程结算、项目评价等全过程以及对项目资金、人员安排等各要素进行计划、指挥、控制和综合协调的活动，是高校管理的重要组成部分。

高校基本建设管理工作具有综合性强、涉及面广、环节多、建设内容多样等自身的特点和规律，是一门综合性、专业性很强的管理工作，其管理水平的高低直接影响学校办学效益的高低和发展的好坏。

（一）高校基本建设管理的职能

从高校基本建设管理的关系中来看，学校是其基本建设管理的牵头主体，以宏观管理协调工作为主；勘察、设计、施工等单位是项目的实施责任主体；监理、咨询单位等中介机构则是提供技术服务的主体。

综合来看，高校基本建设管理职能主要体现在三个方面：

1. 项目规划与决策管理

（1）校园建设总体规划是学校基本建设的大政方针，是学校功能和环境的综合体现，必须根据国家的相关规定和学校的发展需求，以科学发展观为指导，以学生培养为中心，节约资源、保护生态，保障教学科研和师生生活的需要，科学合理地进行校园建设总体规划。

（2）对拟建项目相关的技术、经济、社会、环保、功能需求等方面做研究，对各种可能方案进行技术经济分析，提出项目可行性研究报告，以确定项目的建设方案和项目建设管理模式，为下一步具体实施提供决策依据。

（3）对建设项目的总投资、资金来源和实施过程中的各个阶段的资金需求额度做出合理的计划安排，它是保证建设项目正常进行的必要条件。

2. 项目过程中的组织与协调

（1）办理建设相关手续。按照国家建设相关规定和基本建设程序要求，应依法办理各种建设手续，在取得项目的规划许可证和施工许可证后，方可进入项目的施工阶段。

（2）组织招投标，确定各项目的实施单位。招投标是按市场经济运作的竞争行为，目的在于选择报价较低、管理水平高的单位来完成工程项目各阶段的工作。

（3）对项目实施过程进行综合协调组织管理。管理重点在于对设计、施工过程的质量、进度、安全和造价的控制。协调包括学校与政府各行政主管部门之间、学校与所有合同单位之间以及学校内部各职能部门之间的关系与工作，确保工程项目的顺利推进。

3. 项目固定资产移交

办理工程竣工验收和投入使用的各种手续，组织工程结（决）算，进行工程资料建档备案。

（二）高校基本建设管理的内容

高校基本建设管理内容按工程项目的实施阶段，可划分为规划与决策管理、项目过程管理、项目后期管理，具体见图1-1。

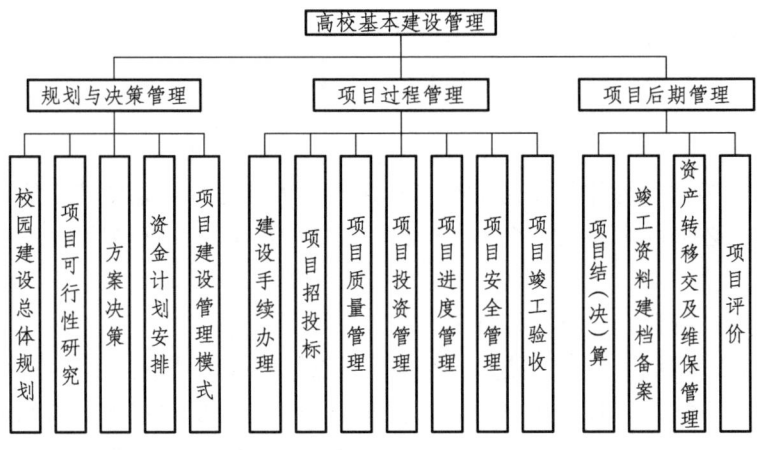

图1-1 高校基本建设管理内容

（三）高校基本建设管理的原则

高校基本建设管理在高校管理中有着非常重要的地位和作用，是一项涉及面广、需要各部门协作配合、环节多且复杂的系统管理工作，在实施过程中必须坚持以下四个基本原则：

1. 服务性原则

坚持服务性原则。因为高校所有工作的出发点都是为教学、科研服务，为师生服务，若是离开了师生，离开了教学，离开了科研，就谈不上高校的存在，也就更没高校基本建设管理的存在。

2. 效益性原则

管理是要追求效益的，其最终的目标就是希望以最小的人力、物力和财力的消耗，取得最大投资效益，以达到提高高校办学的经济效益与社会效益。

3. 科学性原则

基本建设管理必须依靠科学的决策，不能盲目拍板。如高校在进行初期规划建设和设计的时候必须经过科学的调研与论证；在进行项目的招投标时必须采用科学的、合理合规的流程选择建设单位；在项目建设过程中采用科学的方法对项目过程进行监督以及对项目结果进行科学的验收等。

4. 和谐性原则

在学校基本建设的过程中，基建管理人员必须正确处理好国家、地方、学校之间的关系，政府与市场之间的关系及项目参与各方的关系，经济效益与社会效益之间的关系，任何关系处理不好都会对基本建设管理产生不良影响，直接影响建设项目的质量、进度、安全、造价等。

第二节　高校基本建设管理的组织形式

高校基本建设资金来源的多元化以及每个高校不同的具体办学情况决定了其管理的组织形式的多样性。高等教育是社会公共事业，随着社会经济的不断发展，高校基本建设的资金来源也由原来的单一财政来源，逐步转变为国家项目拨款、学校自筹、校企合作、社会捐助等多种模式，对应于不同的资金来源，高校在基本建设管理模式上就会有所不同。比如政府财政资金有的要求项目代建，有的可以通过自行组织建设、校企合作、社会捐助，采用 BT、EPC、BOT、PPP 等项目管理模式来完成项目建设，甚至投资方可能会要求校方聘请专业项目管理公司（PM）来管理项目，也有些投资方甚至会直接参与设计、采购和施工等。同时高校本身在其发展过程中，由于历史条件、人才的层次和来源、专业设置等因素的影响，学校的管理机制和水平会有很大的不同，从而基建管理的模式也就参差不齐。

对于高校基本建设项目具体的工程而言，高校基建管理类型主要有以下五种。

一、垂直管理型

垂直管理型是指一个工程项目由一名专业技术人员具体负责，即项目责任人负责制，其优点是责任清、权力大、横向矛盾少、纵向指挥灵，责、权、利明确，有利于提高项目责任人的工作积极性。缺点是缺乏横向制约、监督，容易产生腐败。基本建设工程项目质量、进度和投资的好坏还受到具体项目责任人领导水平和技术水平的影响，职能部门整体管理功能受到限制，不利于发挥集体的作用。

垂直型管理中项目组长的合理选用尤其重要，应主要从以下两个方面考虑：首先是精力和能力，项目组长应该有足够的精力和能力带领项目班子承担起现行基本建设管理程序所赋予的繁重任务和全部工作内容；其次是工作方式，管理方式应具有适当的弹性，能够恰当地处理工作方式上的差异。

二、集体管理型

集体管理型是指基本建设管理像流水线一样分阶段由各科室承担，科室健全，职能分工明确，横向交叉问题由处长协调解决。其优点是有利于发挥组织作用，对问题的处理和决策是依靠集体智慧，考虑缜密。缺点是职能交叉领域不清楚，容易造成工作真空和遗漏，科室之间互相推诿，效率不高，影响工作人员积极性。

三、复合管理型

复合管理型则是将垂直管理与集体管理两种管理方式进行结合。也就是一个工程项目由项目小组来负责，根据工程量多少和难易程度进行分工。实行"一岗多人"和"多岗多人"，一个项目由专人负责，各科室协作完成，便于横向制约，具体事务则实行"一人多岗"，以提高工作效率。

这种模式的好处是风险低，能将个人的能力充分发挥出来，提高工作效率。不利因素是内部管理模式不统一，容易造成工作关系协调失衡，影响部分工作人员的积极性。这种模式对领导的各方面素质要求相对较高，如果能够克服其不利因素可能会成为发展性的模式[①]。

四、代建管理型

在 2004 年 7 国务院颁布《国务院关于投资体制改革的决定》（国发〔2004〕20 号）的文件中明确了"代建制"是"通过招标等方式，选择专业化的项目管理单位负责建设实施，严格控制项目投资、质量和工期，竣工验收后移交给使用单位"。经过多年的推广实践，这种方式对于建设项目集中化、专业化、策划、决策、监督、执行的制度化，预防腐败机制等有重要意义。这种方式就是学校通过招标等方式选择项目管理的实施单位，由其代理高校进行项目的投资、质量和工期管理，待工程项目完工后再移交给学校。这种管理方式的优点在于高校不需要设置专门的基建管理机构，可以精简机构和人员，解决一些学校的基建管理专业人才不足的问题，回避项目建设过程中的各种风险，但缺点是高校发展中的一些想法往往难以在建设中得到体现，也不利于高校对基本建设管理相关人才的培养。

五、综合管理型

住房和城乡建设部 2017 年下发的《关于开展全过程工程咨询试点工作的通知》（建市〔2017〕101 号）和国家发展改革委 2017 年发布的《工程咨询行业管理办法》（国家发展和改革委员会令第 9 号）、2019 年联合住房和城乡建设部印发《关于推进全过程工程咨询服务发展的指导意见》（发改投资规〔2019〕515 号）的文件精神和我国建筑业和高等教育改革的不断深入，促进了全过程工程咨询服务的发展和落地实施。综合管理型是指高校根据基建项目的情况，通过招标等方式选择全过程咨询服务单位，可以全权委托项目管理的所有过程，也可以将项目管理与工程监理进行组合委托，还可以将项目管理、工程监理和造价咨询进行组合委托，甚至将工程勘察设计等一起以全过程工程咨询服务方式进行委托，学校只负责项目的协调、落实管理和发展意图。这种管理方式是我国目前正在推广的模式，有利于减轻学校由于专业人才的缺乏等带来的管理压力，有利于提高资金投资经济效益和社会效益。

---

① 吴澎. 新形势下高校基建管理工作的改革与发展[J]. 河南机电高等专科学校学报；2004（01）：14-15.

第三节　新时代高校基本建设管理所面临的挑战

一、新时代高校基建面临的新形势

1. 高校发展的新形势

近年来国家政策大力推动高校基本建设，高校的专业发展趋势逐渐增强。党的十九大报告提出"优先发展教育事业，加快一流大学和一流学科建设，是高等教育在新时代的重要任务"，《国家教育事业发展"十三五"规划》明确提出要"强化高校创新体系建设，进一步改善基础条件"，国家对高校的发展建设提出了更高更强的建设要求。

高校的基建工程是"双一流"建设的硬件保障，是高校内涵式发展的基础条件，因此，高校基建项目的管理必须依据高校的发展定位、事业发展规划、历史文化、人才培养、办学理念等对所建的工程项目进行科学的管理，以保证工程质量，缩短设计工期，降低工程造价，监督安全文明施工，满足师生教职工的学习工作生活需求。

2. 高校建设的新规模

我国教育行业近几年来取得了巨大的发展，在高校的招生人数、基本建设规模与办学质量等方面都取得了巨大进步。从数据上看，高校招生人数从1978年的228万人次扩大到2020年的近3 600万人次，高校招生规模持续保持高速增长的状态。此外，从中国高等教育发展的总体形势来看，我国高等教育的用地规模和建筑规模也处于持续高速增长阶段。如图1-2所示，2013至2017年间，高校在建筑面积、土地面积以及在校生人数均保持稳定增长。从建筑面积、土地面积以及在校生人数的相对增长态势来看，空间总量增长长期滞后于办学规模增长，造成用地规模和建筑规模缺口不断增加，客观上迫切需要我国高校的基建规模持续保持高速增长态势，这对高校基本建设管理提出了新的挑战[①]。

---

① 盖世杰，保其长，林蓁，宓林. 试论我国高校基建管理的发展趋势[J]. 建筑经济，2019（09）：20-23.

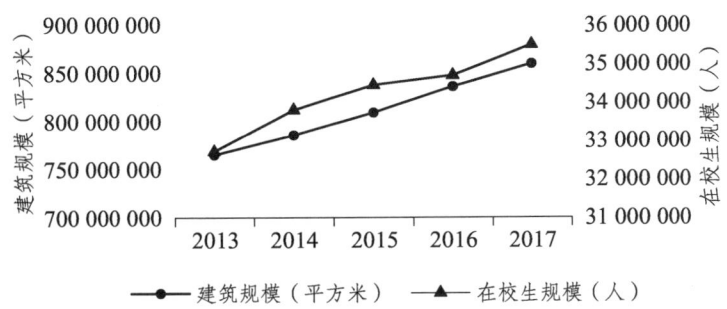

图 1-2　我国高等教育在校生规模和建筑规模相对增长态势（2013—2017 年）

3. 基建管理模式的新挑战

高校随着人事改革的不断深化，面临着部门与人员不断精简，管理人员的数量与素质无法满足现有的自管模式的问题，显得管理力量尤为不足，在诸多因素下，全过程工程咨询服务等多种管理模式在高校的基建管理中得到应用实践。并且，随着我国建筑业的不断深化改革，其发展环境逐渐优化，基建管理涉及的单位、部门较多，使得高校在基本建设管理过程的组织架构越来越复杂，也对高校基建的行业资源整合能力和驾驭能力提出了新的挑战。

4. 建筑业发展新常态

自"十三五"以来，我国经济发展进入以结构调整、增速放缓和驱动力升级为标志的新常态。在《建筑业发展"十三五"规划》文件中提出了"产业结构调整、技术进步、建筑节能及绿色建筑节能发展、质量安全监管、建筑市场监管和市场规模"等六大方向的发展目标以及"形成一批以开发建设一体化、全过程工程咨询服务、工程总承包为业务主体、技术管理领先的龙头企业"的发展方向，建筑业的技术逐渐进步，创新成效明显提高，为我国高校的基本建设管理提出了新的发展思路和新的挑战。

5. 高校基本建设的新要求

高校基本建设是高校发展的基本保障。随着我国建筑业与教育业皆进入高质量的发展时代，高校的教学楼、学生公寓、操场、图书馆等基础设施都面临着维修、调整、新建、改建与扩建，需要大量的资金和环境空间。但由于高校在建设过程中常常面临校园建设土地不足，资金来源有限等的实际困难，必须对高校当前的基建管理进行有效的优化调整，使用有限的资源对高校的校园环境进行高质量的建设，在保证建设质量的前提下降低工程造价，节约校园土地，提高基本建设的投资效益。

6. 精细化管理发展的趋势

精细化管理是一种企业管理理念，是指"以法律法规、标准规范为依据，以'精、准、细、严'为基本原则，以提高工作效率和经济效益为目的，对管理对象实施精细、准确、快捷的规范和控制"。高校基本建设的精细化管理趋势是指通过使用具体、精确的标准取代以前传统的、模糊的管理要求，将高校抽象的战略决策转化成具体的举措。高校的精细化管理要求高校必须严格遵守基本建设的程序和规范，对涉及工程全过程的关键问题与薄弱环节制定出明细的措施，并进行严格的执行、监督与考核，从而提高高校基本建设项目的管理效果。

高校基本建设管理精细化管理既要尽量解决高校基本建设管理中存在的问题，从工作人员、工作流程、工作细节等方面减少浪费，杜绝管理上的漏洞，消除管理上的盲点，提高管理效能，还需要积极借鉴企业在精细化管理模式上的成功经验，尽量减少安全管理隐患、改善管理流程，使高校基建项目管理更规范，提高国家建设资金的使用效率，使之更好地服务于高校。

二、新形势下高校基本建设管理面临的问题和挑战

我国高校经过多年的建设和发展，高校管理适应了学校的发展，在各方面都取得了巨大的成绩，为我国的建设培养了大量的人才，但在新的历史条件下，也面临着诸多问题和挑战。

（一）管理团队建设方面

基本建设管理是一项技术复杂、涉及面多的管理工作。随着办学规模扩大，办学层次提高，国家基本建设程序规范化以及建设标准的进一步提高，需要共同参与基础建设的部门越来越多，但一般来说高校的工作重心是教学和科研，往往忽略了基建管理团队的组建，主要表现在以下几个方面：

1. 管理机构设置不合理

有些高校把基本建设管理作为一个职能放在后勤等部门中，没有设置专门的管理部门，也就没有专业人员去研究学校的基本建设中的各种问题。

2. 缺乏具有建筑相关经验的管理者

基本建设工作对工作人员的专业素质和技能要求都比较高，但大部分高校从事基本建设工作的工作人员都是非建筑行业的，或是缺乏相关经验的，从而

导致管理的错漏不足。

3. 难以引进和留住专业技术人员

由于基本建设管理需要专业的技术人才，这部分人员的工资待遇随着技术的高低而不同，现阶段大部分高校的工资体系无法解决校外招聘专业人员的相关待遇问题，无法引进优秀的工程管理专业技术人员从事学校的基建管理，就很难提高管理水平。

4. 缺乏激励机制

在一些高校中，基本建设管理人员责任和效益不对等，基本建设管理任务重、责任大、工作面临的矛盾突出、风险高，又没有与其他教职员工一样的寒暑假等休息时间，在学校内的地位也不及其他教职工，长期处于高压紧张的工作状态，忽略了安抚和激励机制的建设，导致了其工作报酬与经济效益不挂钩，部分高校基本建设管理人员校外兼职多，未能很好尽责、尽可能去完成本职工作，不利于基本建设管理效能的提高。

（二）管理制度建设方面

1. 管理者对高校基建管理工作的认识不足

一些高校对基本建设管理工作认识有些不足，片面地认为工程建设有政府行政主管部门监督和指导工程质量、进度和安全，委托有专业监理单位和过程审计单位对工程项目建设（包括跟踪检查施工质量、进度、造价、安全）的全过程实施监督和审计，有项目实施单位组织、协调、控制各项阶段的技术、质量要素，对工程建设的全过程实施具体负责，基本建设工程不是高校管理的重点，认为高校基本建设管理部门只要能做好协调工作就行，不深入介入，就会导致基建项目达不到学校的希望值，影响学校的发展。

2. 管理制度不完整、不规范

随着高校基本建设规模的增加，投入的资金越来越多，基本建设任务的内部控制难度也随之增加。高校在发展过程中的基本建设制度建设跟不上形势需要，制度欠缺规范，执行力不够，主要表现在：

（1）基本建设管理制度不完善，漏洞多，甚至有些高校没有相应的基本建设管理制度。

（2）基本建设管理决策程序、管理流程方面跟不上高校的发展。随着高校的发展，国家基本建设制度的调整，高校机构、人员的变化，高校的基本建设管理制度没有及时更新和完善，导致其在高校基本建设过程中随时变化，显得有些杂乱无章，不利于高校对基本建设管理的有效监控。

3. 管理制度的执行力不足

部分高校对基本建设管理制度缺乏执行力，有制度不执行或变通执行，基本建设项目管理上不按组织程序办理，越级审批，制度可有可无的现象时有发生，建设工程项目的安全、质量、工期和投资效益以及廉政管理难以保证。

由于国家基本建设的立项报批、审批程序多，要求严格，而高校的加速发展，学生开学时间的相对固定，使得高校为了满足办学的基本条件，往往更看重的是如何尽可能缩短项目建设的工期，如何使项目尽快投入使用，从而忽视基本建设的程序。有些高校在项目报建前期办理手续时有时间就办，没时间就不办，能办就办，不能办就向后推，在没有相关建设许可手续的情况下，就进行施工，甚至于有的高校先建设施工后进行招投标；有些高校盲目贪大求洋，将本来可以维修改建的项目改为撤除重建，浪费大量资金；有些高校建设的项目经常出现项目资金已经到位，但项目功能未确定，施工招标已经进行，但施工图纸未通过审核，一边进行建设项目的现场施工，一边办理施工许可证，甚至出现建设无相关许可证的违章建筑的情况，再加上管理落实不到位，给高校造成严重的经济损失，造成高校基本建设领域的质量、安全、进度问题以及腐败事件发生。

（三）项目建设过程方面

1. 项目建设前期准备不够充分

项目前期优化决策是保证工程质量、进度、投资效益、功能使用要求的重要条件。高校建设工程项目的资金来源主要是财政项目拨款、银行借款和建设—经营—转让（BOT）、建设—移交（BT）等模式，项目建设前期准备是项目实施环节中的重要前置条件，项目的使用功能、时间要求，设计建设周期，经费需求等都需要做好详细规划，才有利于高校对基本建设进度、质量、造价的全盘控制。但在实际的基本建设中以上内容往往容易被忽略，部分高校对基本建设投资计划的可行性研究重视不足，没有建立健全的建设项目投资计划和预算编制度，部分高校建设项目可行性论证不充分，盲目地扩大基本建设规模，导致学校经济压力加大；部分高校的基建项目立项抉择不及时，很多项目在立项阶段久拖不决，到临近需要使用时才仓促确定，造成工程招投标、设计、施工、工程验收等环节时间紧迫，往往无法按正常程序进行；部分高校对规划设计优化不重视，全部依赖设计单位，对功能使用需求论证不足和工程造价考虑较少，一边施工一边修改，造成工程管理的被动，也给别有用心的人机会，给工程质量、造价、后期维护带来极大隐患。

2. 招投标管理过程中管理不严格

高校建设工程招投标有其特殊性。高校作为招标主体，由于招投标工作并非常态化的工作，故而没有组建常设性的招投标机构负责招标事宜，目前很多高校建设工程招标日常工作是挂靠在职能部门，然后由学校领导牵头，学校各职能部门负责人组成招标领导小组。

以临时性招投标领导小组完成此项工作，最大的问题在于专业化程度不够。临时招投标领导小组的组成人员多为非专业人士，缺乏专门知识，不熟悉市场行情，容易产生"外行领导内行"、说不到点子上、招标后遗症多等问题，使招投标产生不了应有的功效。

同时也有人片面地认为有委托的专业机构进行招标，高校只要能做好协调工作就行。因此就导致高校在招标管理制度和制度执行上不够重视，对招投标管理决策程序、管理流程管理不到位，使高校作为项目业主的功能不能正常发挥。甚至还有部分高校为了规避招投标，采取"化整为零"的方式，将一个大的项目分为几个小项目，从而建设工程项目的安全、质量、工期和投资效益难以保证。

3. 项目施工管理监管不严格

施工阶段是基本建设项目过程中的重要部分，参与的单位人员多而复杂，协调难度大，如管理失控就势必直接影响到工程质量、进度、安全、造价。而高校的基本建设工程项目对工期和质量都有很高的要求，如果施工时间过长，必然会对正常的教学、科研、生活产生影响。在实际的管理过程中施工监管不严格常常是由于监理单位的人员配备不合理和其素质不高，责任心不足，从而导致工程监理流于形式，无法达到其应有目的。

4. 项目结算（决算）办理不及时

资金是基本建设项目的命脉与血液，保证实施项目资金正常运转，提高资金使用效率，是基建管理重要任务。高校基本建设工程项目的结算（决算）办理情况也是基本建设统计、干部考核、项目评估等指标的重要依据，目前很多高校在基建管理过程中，由于学校领导不重视、管理制度不健全以及施工等单位不配合，提供结算资料不齐全等方面的原因，导致有些项目的结算工作办理不及时,久拖不结(决),有的甚至造成和项目实施单位的矛盾激化。

5. 基建档案归档不及时,不完整

基本建设档案都是关于工程建设方面的相关工程资料,每一个项目又涉及大量分项工程,其资料之间既相互独立,又有必然的联系,技术性很强。有些高校对基本建设档案的重视程度不够,只关心工程建设的进展及质量,而忽略了基本建设档案管理工作。

学校档案管理人员往往缺少建筑方面的专业知识,不清楚整个工程会涉及哪些档案资料,不知道哪些资料未及时收集,哪些资料收集不全等情况,就不能保证每一个工程项目的资料都会收集齐全,如果发生重要的材料被遗漏,不仅不能准确地反映出基建项目的实际情况,还会造成巨大损失。而且实施期间难免会发生档案管理人员的变动,而每个人对于档案的理解不同,导致基本建设工程项目完工后也无法及时到政府城建档案馆存档备案。有些高校甚至连自己的专门档案管理部门都没有,基本建设档案管理一团糟,导致多年以后对已建建筑进行改建、扩建、维修时就无法查清图纸,对改建工程的实施造成了一定困难,从而无法发挥基本建设档案的参考作用。

(四)管理信息化方面

高校的信息化建设是深化高校教学改革,提高人才培养质量的重要途径,是新时代高校管理水平提高的一个重要标志。高校基建管理在整个高校管理工作中占有重要地位,对效率要求高,对工作规范程度要求高,对信息传递的速度要求也高,必须实现全过程的信息化管理,提高基本建设工作的效率和质量,也有利于提高学校的工作效率,使高校更好地为全校师生服务。目前,我国高校由于领导的重视程度不够、软硬件条件差、相关工作人员的技术支持不足、使用人员的应用水平也较低,导致基建管理还处于信息化建设的初级阶段,还需要加大建设力度,以适应新时代管理的需要。

第三章
新时代下高校基本建设管理的理论研究

第一节 高校基本建设管理的基本原理

基本建设工程项目管理的理论基础主要涉及系统论、控制论、运筹学以及组织行为学等。系统论是由美籍奥地利生物学家贝塔朗菲创立，它立足于系统观念，运用逻辑和数学方法，为管理学由经验转向科学、从定性走向定量奠定了基础，是基本建设工程项目管理的基本思想。控制论是基本建设工程项目管理的基本理论，是由美国数学家、电气工程学家维纳创立。控制论是世纪重大科学成就，它打破了自然科学与社会科学、工程技术与生物技术的界限，并在之后广泛用于管理科学。运筹学是基本建设工程项目管理的重要理论工具，它作为一门定量优化决策科学，已有半个世纪的历史，它是运用分析、实验和定量化的方法对经济管理系统中的人力、物力和财力等资源进行统筹安排，以期获得尽可能满意的经济和社会效益。组织行为学是基本建设工程项目管理的重要手段，它是一门以提高组织绩效为目的，讨论个体、群体以及组织系统对组织内部行为影响的学科，它是在多门行为科学的基础上建立起来的，涉及的学科有心理学、社会学、社会心理学、人类学和政治学等。[①]

一、系统原理理论

系统是过程的复合体，它是指由若干相互联系、相互作用的部分组成，在一定环境中具有特定功能的有机整体。任何社会、组织都是由人、物以及信息组成的系统，因此任何管理都是对系统的管理，高校的基本建设管理工作也可以看作是一个系统工作，系统原理理论是高校基本建设管理理论的基础。

系统原理理论在所有管理原理当中起着统率的作用，周三多的《管理学原

---

① 郭霄鹏. 陕西省划转高校基建工程项目管理模式研究[D]. 西安：西安石油大学，2012.

理》中指出系统原理理论一共包括了四个要点，即"整体性原理、动态性原理、开放性原理、环境适应性原理"。

整体性原理是指各个系统要素之间的相互关系及要素与系统之间的关系是以整体为主进行协调，局部服从整体，最终使系统整体效果最优。也就是说在进行基建项目管理时要从整体着眼、从部分着手，统筹考虑、各方协调，从而达到管理的最优化，在实际的管理情形中，常常会出现基建管理人员由于重局部、轻整体，从而导致局部之间不协调，互相推诿，从而使整体工作不能很好地推动，损害了全局的利益的情况。

动态性原理是指系统是时刻运动着的，它的稳定是相对的，因为系统内部的联系就是一种运动。高校的组织结构、管理机构、规章制度、管理方法等都具有很强的时限性，基建管理作为一个系统整体，也是在不断变化的动态过程中完成各项工作的。

开放性原理是说实际上不存在一个与外部环境完全隔离的系统。高校基本建设管理也不是封闭的、孤立的，社会的发展、环境的变化都必然对其产生影响。

环境适应性原理是指系统不是孤立存在的，它要与周围事物发生各种联系，这些与系统发生联系的周围事物的全体，就是系统的环境。而环境是一个更高级的大系统，一个不能适应环境的系统是毫无生命力的。高校基本建设管理必须适应社会发展、学校建设的需要，才有存在的价值，也才能完成其本来的使命。

二、责任原理理论

挖掘人的潜能最好的办法就是明确每个人的职责。责任原理理论是说基建管理在追求效率和效益的过程中，应该做到明确每个人的职责，合理设计职位和权限，及时、公正、分明地实施奖罚。

在高校进行基建管理的过程中，职责的界限不仅要清楚，而且必须落实到个人。在管理中，职责不能用抽象的概念来确定，而应该在时间、数量、效果等方面进行严格的规定。

三、适度原理理论

适度原理理论是指管理者在处理组织内部的各种矛盾、协调各种关系时要把握好度的问题。度的把握在很大程度上取决于管理者的直觉。适度原理理论要求管理者艺术地运用科学的管理理论在复杂矛盾的背景中做出适当的选择，这要求管理者重视直觉能力的培养和应用。

管理的幅度有宽有窄，不同宽窄的管理幅度各有其优缺点，其中较宽的管理幅度可以减少管理层次，加快信息的传递速度，提高管理决策的反应速度；反之，较窄的管理幅度可以减少每个层次的管理者需要处理的信息数，有利于排除无用信息的影响。管理者以经验为基础，借助直觉进行适度管理，实现适度组合，并且特别强调管理中运用科学的手段和方法。因此，在高校管理的管理范围和深度选择上，既不能太宽，也不能太窄，需要进行适度管理，和谐处理管理中的各种问题和矛盾。

四、权变理论

权变理论以系统原理理论为基础，其主要思想是在管理中要懂得随机应变，要"具体情况，具体分析"。

对于高校基本建设管理来说，不同高校面临的环境不同，同一所高校所面临的不同建设项目之间所处的环境也是不同的，所以不存在适用于任何情况下的管理原则和方法，高校必须根据所处的内外部条件的变化随机应变，针对不同的具体环境寻求当下最合适的管理模式、方法或是制度，才能有效完成基建管理任务。制订计划要针对目标的明确性问题做出具体分析。对封闭式的组织和程序化的活动来说，明确目标是可行的，并能收到良好的效果；但对于开放式有组织和非程序化的作业活动来说，明确目标以达到目标而规定的效果就不会那么理想。因此在基建管理过程中，恰当的掌握明确性和模糊性相结合的度是至关重要的。

五、效能与效率理论

效能与效率这两个概念是战略管理中的两个概念，是由管理学家切·巴纳德（C.Barnard）最先在《经理的职能》一书中提出来的，以探讨它们与企业之间所面临的变化的关系。所谓效能，是指企业实际产出达到期望产出的程度，即效能=实际产出/期望产出；而效率则是指企业实际产出与实际投入的比率，即实际的投入产出比，效率=实际产出/实际投入。

表 3-1　效能与效率的关系

	无效能	有效能
无效率	企业倒闭	生存
有效率	逐渐衰落	增长繁荣

表 3-1 中效能与效率的关系说明了，只有效率而没有效能的企业可能会逐渐衰落，而对于有效能的企业，尽管经营无效率，但可以生存，不过不能繁荣并发展到能够发展到的高度。要达到增长和繁荣的目标，需要企业既要有效能又要有效率。

对于高校基本建设工作来说，要将公共价值管理观念引入，对效能建设的理念进行整合和优化，提高工作效率，改善高校基建管理工作作风，构建起高校基本建设工作效能建设的长效机制。

六、过程型激励理论

过程型激励理论是在高校基本建设管理中可操作性较强的一种理论，它主要研究的是从人员的动机产生到采取具体行动的心理过程中能起作用的激励因素，研究如何以"外在的目标"去激发职工，并了解他们对所付出的劳动与所取得的报酬之间的认识，最终以此以最小的利益去激发员工工作的积极性，从而达到解决激励问题的目的。

"外在的目标"也就是外在的刺激员工工作积极性的因素，一方面可以通过设定目标来影响动机，如奖励、工作反馈、监督的压力等；另一方面，还可以通过目标的达成来满足个人的需要，如个人的成长、成就和责任感等。在高校基建管理过程中必须要重视合理分配、奖励和个人成长培养等相关激励机制措施落实，激发基建管理人员的主人翁意识，使其更好地为学校建设服务。

七、人本管理理论

人本主义管理的核心是"以人为本"，对待组织当中的人，应当视为人本身来看待，而不仅仅是把他们看作一种生产要素或资源。以人为本是一种从哲学意义上产生的对组织管理的本质的新认知，所以人本管理在本质上是以促进人身自由、全面发展为根本的管理理论与管理模式。

人本管理是指以人为出发点和落脚点，以人的全面发展为核心，创造相应的环境、条件，以个人自我管理为基础，以组织共同愿景为引导的一整套管理理论和模式，重视人的作用、人与组织共同成长是人本管理的价值取向。

高校实现有效人本管理有两种不同的途径：一种是"高度集权、从严管理"模式，高校依靠严格的管理和铁的纪律，重奖重罚，使得所有参与职工目标统一、行动一致，实现工作效率的提高；另外一种是"适度分权，依靠科学管理"的模式，高校将所有参与职工的个人利益与学校发展的利益紧密结合，使职工为了共同的目标而努力奋斗，从而实现工作效率的提高。

两种途径的不同之处在于前者是把基建管理人员看成是管理上的客体，基建管理人员处于被管理的位置，而后者却是将基建管理人员视作管理的主体，使全体基建管理人员主动地参与管理。管理者本身的行为是管理者人性的反应，并且管理者在管理的过程中会影响下属人员的发展，因此在高校基建管理过程中，由于高校基本建设项目的特殊性，从事基建管理工作的工作人员的工作时间常常是长于其他高校教职员工，而待遇和地位却往往低于其他教职工。所以我们不仅是要看他们管理取得的经济效果，还要考虑工作对人的精神状态的影响，要根据实际情况选择有效的管理方式，一方面要严格基建管理人员的行为，保证其按国家和学校的规章制度落实基建管理，另一方面还要关心关爱他们的生活情况、待遇情况、学习成长情况等，以提高他们的集体荣誉感。

第二节　未来管理的挑战

我国互联网技术的迅速发展、经济全球化的激烈挑战等外部环境的变化和不确定性，对高校基本建设项目传统管理模式理念、内容、制度、方法、程序等都有着与以往不同的影响并提出不同的要求，其建设管理面临着管理道德风险与管理技术挑战。

一、高校基建管理的管理道德与社会责任担当

（一）高校基建管理的管理道德

伦理与道德被称作是人类文明的基本因子，是评价人们行为善恶的社会价

值形态。任何的社会组织想要长期生存下去，不仅需要遵守法律，还必须遵守一定的伦理道德规范。高校的建设与发展也需要遵守一定的伦理道德规范。高校基本建设是高校发展中重要的一环，更需要管理道德作为管理的规范准则。

管理道德主要包括两个方面内容，一个是管理者道德，一个是管理实体的道德。"管理实体"是指高校及高校的各个行政单位，"管理者"是指高校及高校各个行政单位的管理人员。随着社会经济的发展而不断进步，管理道德越来越受到高校与社会各界的重视。

1. 良好的管理道德有利于高校提高管理效率

管理道德一方面会影响管理实体的道德行为，另一方面也会影响管理者的道德行为，导致不同的道德结果，因此，高校应该对各部门管理人员进行良好的管理道德建设。高校的管理者应具有高度的道德感、责任感，高校管理道德才能够发挥其效用，对高校的各项管理工作起到促进与提高的效果，为高校教职员工与学生营造出良好的学习生活环境。

"管理实体道德"是从管理职业固有的社会地位和性质来说的，各种职业和管理职务都体现着对"权""责""利"的关系，"责"是指任何管理职业都要承担一定的社会责任，任何管理职员必须要遵守管理职业法律法规的责任，承担管理职权范围内造成社会后果的责任，实现和保持岗位与其他岗位的有序合作的责任等；"权"是指每种管理职业都具备一定的社会权利，即使用、操作、管理某些社会资源的权利；"利"是指管理职业都体现和处理着一定的利益关系，高校管理者是以公众为服务对象的管理职业，更应该以社会利益、公众利益、行业集体利益和个人利益的集结点。良好的管理道德应该是对高校办学的必然要求，更应该成为高校管理者的自觉追求。

2. 良好的管理道德有利于高校实现最大效益

管理道德与高校的道德形象、社会信誉息息相关，与学校效益之间也存在联系。高校良好声誉会通过学生和用人单位在社会上广为传播，高校的知名度和美誉度会进一步提高，良好的声誉带来的是理想的生源和政府更多的关注与支持，反之，则会损害高校的形象与效益。

高校教育的实质其实是一种服务，在服务中，管理道德与办学效益不可分割地联系在一起，高校教育越讲道德，对学生诚恳，就越能赢得学生和家长信赖，为高校创造更多的经济和社会效益。高校管理者拥有良好的管理道德，就能与社会形成一个利益共同体，从而实现高校管理的最大效益。

3. 良好的管理道德有利于管理者承担社会责任

德国古典哲学家康德曾说过："'责任'是全部道德的基础，全部道德是建立在'责任'概念之上的。"社会责任是一种道德觉悟，积极承担社会责任促使人们从事使社会变得更美好的事情。

管理者既然拥有种种权利，就必然要承担相应的责任和义务，承担社会责任是对高校管理者最基本的要求。高校管理者作为高校活动的指挥者，对教职员工、对高校集体、对社会肩负着重大责任。高校管理者的社会责任主要有三点，一是要有为社会做贡献的强烈的责任心与事业心，二是要将经济效益和社会效益有机统一起来，三是要采取对社会负责的行为方式。管理者是否自觉承担对社会的责任，并为履行自己的责任而尽心尽力，是体现一个管理者道德水准的重要标志，也是管理者成熟程度的重要标志。良好的道德管理可以彰显高校管理人员的精神境界，使其更加受到社会的尊重，有利于高校管理者承担社会责任。

（二）高校基建管理的社会责任担当

美国著名管理学家斯蒂芬指出"在社会责任和绩效之间存在着正相关关系"，高校社会责任的承担为高校带来更多利益，包括带来良好的高校形象、目标明确与积极工作的员工队伍以及政府的支持等。高校与社会之间存在紧密的依存关系，高校的社会责任是指高校在教学与科研之外，由于高校规模的逐渐扩大，社会服务责任逐渐凸显。美国著名高等教育家德里克·博克在他的著作《走出象牙塔——现代大学的社会责任》一书中曾指出"高校既应该坚守住高校的学术与教育原则，更应该要走出校园，服务社会，承担起回报社会的责任"。

高校的社会责任不是由外部力量所赋予的，而是高校自发的，因而没有一个统一的标准，它是对高校自身价值的判断与理念的诠释。面对新的形势，高校基建管理更加强调管理的社会责任，落实到管理实践中，就是将以道德形态存在的管理伦理逐渐规范化，成为基建管理人员的价值选择。

1. 建立高道德素质的基建管理队伍

管理者道德是管理道德中重要的一环，因此高校应该尽力挑选道德素质高的员工进入高校各部门工作。高校良好的道德管理一方面有利于建设高校的道德形象，建立良好的声誉，提高高校的知名度与美誉度，保障高校的最大利益，另一方面，高校管理道德有利于管理者承担责任。

首先，基建管理人员要善于团结上下完成好基建工作。基建管理人员要善于团结在工作上与自己持有不同意见的人，对于不涉及原则的问题，作为一个高素质管理者就应该做到尽量包容，敞开胸怀，接纳不同的思想与人，创造更多的思想碰撞。管理者要用自己高尚的品行、杰出的管理艺术和丰硕的业绩，真正树立起一个管理者的威信与声誉。

其次，基建管理人员要做到诚实守信。诚实是管理人员的根基，具有诚实品格的管理者，尊重自己也尊重他人，懂善恶、辨是非，在管理活动中尊重知识、尊重科学。

再次，基建管理人员要清正廉洁。清正廉洁是对基建管理人员基本的要求，作为一个高素质的管理者，应该不为追逐名利而丧失原则，也不为争夺名利而将下属的功劳都记在自己的身上，清正廉洁是管理者一项重要的从政道德，即是要做到为官清廉、不沾不贪、不以权谋私，清正廉洁被认为是管理者的天职以及美德的重要体现。

最后，基建管理人员要具备良好的心理素质和沟通能力，基建管理人员的事务烦琐，工作压力大，待遇相对不高，长期下去容易使管理者产生失落的情绪，所以要使管理人员树立正确的职业态度，协调好各方的关系。

2. 基建管理人员的道德教育

高校基建管理的职业道德是社会道德生活中的要素之一，也是营造良好文化环境、推进高校体制改革、提高社会文化程度、促进社会主义现代化建设的重要条件，做好高校基建管理人员的职业道德建设是发展我国高等教育事业的有力保障。高校基建管理人员要不断强化服务意识，采取有效措施遏制行政权力的泛化和越位。这是维护高校管理职业道德原则，促进高校教学、科研和行政管理良好的互动的基本保障。

基建管理人员要不断加强思想政治方面的学习，不仅要学习马克思主义理论知识、党和国家的教育方针政策，还要掌握科学的管理学、心理学等专业技术知识。此外，管理人员在工作实践中要有创新精神与开拓精神，积极进取，勇于打破条条框框的束缚，创造性地运用创新性的工作理念、体制机制、方法手段等。

3. 建立道德守则和决策规则

党的十四届六中全会《中共中央关于加强社会主义精神文明建设若干重要问题的决议》中对职业道德做出了明确的"爱岗敬业、诚实守信、办事公道、服务群众、奉献社会"的要求。高校应大力加强基建管理人员职业道德修养，使其遵循职业道德规范，营造一个良好的教学科研氛围。高校基建管理人员是高校教师的重要组成部分，其职业道德修养直接关系到高校的建设和发展，所以高校基建管理人员的职业道德建设很有必要。

高校基建管理职业道德建设一方面要做到培养管理人员爱岗敬业的职业态度，激励管理人员热爱本职工作，认同岗位的意义与价值，对管理工作做到细致管理；另一方面，高校应完善建立道德守则和决策规则并要求全体教职员工严格遵守，做到有章可循、有法可依、违法必究，规范高校基建管理人员的职业道德行为，杜绝不规范的管理方法与作风，对违反规定的行为，必须要给予相应程度的惩罚。

4. 对绩效进行全面评价

高校应建立与优化高校教职员工的绩效评价体系，通过科学合理的绩效评价体系，促进高校基建管理人员职业道德的自我完善。目前高校管理人员的评价体系中要注意加强对道德方面的重视，要健全高校的激励机制，通过建立一个多方位、多层次、多样化的报酬激励体系，激发高校基建管理人员对高校的认同感、归属感，激励高校基建管理人员的工作积极性和创造性，对于绩效评价体系的制定要科学、合理，符合实际且具有可行性，其执行要坚持公平、公正、公开的原则，这样才能促进高校基建管理人员将外在的行为规范化为自身的道德修养。

二、智能管理模式融合精细化管理

互联网的发展与技术的不断完善，促进着社会各行各业与互联网融合的程度不断加深、融合速度不断提高。高校传统基建管理模式的部分局限性开始逐渐突显出来，实行高校基建项目的智能管理模式融合精细化管理，是提高高校基建管理效率的重要途径。

（一）智能管理模式

高校智能管理是指将新一代信息技术融入高校日常的管理中去，达到人与智能机器、人与智能机器人之间的协同合作，共同实现管理智能的管理系统。高校智能管理是建立在现代化管理理念的基础上的，目的在于充分借助互联网的优势和资源，将传统行业与互联网深入融合，提升工作效益，实现社会的发展。基于互联网技术的高校基建项目智能管理以项目管理为核心，把高校领导、招投标办公室、财务部门、后勤部门等多个部门统一到一个互联网项目管理平台协同工作，便于及时了解项目进展，随时查询档案资料，并适时做出相关决策，使高校基建管理工作规范化、程序化、流程化。基于互联网平台对高校基本建设项目全过程进行智能管理，有助于提升项目信息化水平，促使高校基建管理水平的提升，为高校事业发展提供有力保障。

（二）精细化管理

精细化管理是一种理念，是社会分工精细化及服务质量精细化对现代管理的必然要求。精细化管理是建立在常规管理基础上，并将常规管理引向深入管理的管理方式，是一种以最大限度地减少管理所占用的资源和降低管理成本为主要目标的管理方式。

1. 基建管理制度方面

高校推进基建管理制度的精细化管理要着力提高制度制定的科学化水平，保证制度的全面性、针对性和可操作性。首先，全面性是指高校基建管理制度应该覆盖项目决策、项目立项、项目报规报建到工程实施、竣工验收、资产交付等项目建设全过程，涵盖勘察设计、招标采购、工程管理、决算审计等各环节，最大限度地减少制度漏洞。其次，针对性是指在确保制度全面性的基础上，高校应进一步分析工作重点领域和重点环节，明确重点环节的工作内容、工作程序、责任岗位和成果要求，有针对性地建立内控制度，确保每一个重点环节都有明确的工作流程和工作标准。最后，可操作性是指基建管理制度应符合国家法规制度要求，且与学校财务、纪检、审计等相关制度相配套，提高工作效率。制度在执行过程中不断被检验并完善，使之不断适应高校基建事业持续健康发展需要。

2. 人员方面

高校基建人员的精细化管理就是将管理责任具体化、明确化，它要求每一个管理人员都要到位、尽职。高校要结合基建管理制度，制定具体、细致的岗位职责、工作内容、工作程序和工作要求，进而科学设置科室及岗位，明确部门职责、科室职责。高校基建管理的核心是为教学、科研活动提供服务，因此高校基建管理本身是需要一定的专业水平和技能的，高校要根据部门岗位和高校基建工作实际，有计划地引进、培养与岗位职责相匹配的土建、暖通、给排水、电气、造价等各专业工程师。一支专业齐全、技术过硬、经验丰富、责任心强的专业技术管理团队是做好基建管理工作的关键。

3. 工作流程方面

推进基建工作流程的精细化管理一方面是对基建项目立项、招标采购、变更洽商等基建管理工作重要环节进行深入分解研究，结合学校相关规章制度和岗位设置情况，明确牵头部门、责任岗位、流程步骤等要求，强调每一步骤成果输出形式、质量要求和时间要求；另一方面，基本建设管理工作应统筹安排各节点工作开展时序，考虑招投标采购、文件编制、高校决策与项目施工时间安排等因素，使各节点能无缝衔接，最大程度缩短工作周期。

第四章 新时代下高校基本建设管理机制建设

第一节 基本建设项目决策机制建设

随着我国国民经济的不断发展，基本建设管理制度逐渐完善，相继颁布、修正、完善、实施了《中华人民共和国建筑法》《中华人民共和国招标投标法》《中华人民共和国政府采购法》等国家相关法律法规，教育部颁布了《教育部直属高校基本建设管理办法》，住房城乡建设部也下发了《建设单位项目负责人质量安全责任八项规定》《建筑工程勘察单位项目负责人质量安全责任七项规定》《建筑工程设计单位项目负责人质量安全责任七项规定》《建筑工程项目总监理工程师质量安全责任六项规定》等文件，标志着我国基本建设项目管理已经走上了法制化、规范化的道路。

一、创新基本建设项目管理模式

由于高校基建管理的实际情况，很多高校的基建管理都采用高校直接参与管控施工过程的项目管理模式，如工程指挥部管理模式、甲方项目制管理模式或代建制等多种项目管理模式，但它们都存在各自的优缺点。专业队伍较强的学校可采用工程指挥部管理模式或甲方项目制管理模式；管理人员较为短缺的学校则可以采用学校自主管理项目和委托管理相结合的办法，在总体管理上以学校管理为主，委托项目管理公司对项目进行技术管理，对工程质量工期负责，委托造价咨询公司对项目过程的投资进行管理，学校对项目管理公司和造价咨询公司进行协调、监督，学校对工程建设过程中的重大问题具有决定权。

对于工程总承包（EPC）、设计—施工承包（DB）、采购—施工承包（PC）、建设—转让承包（BT）、建设—经营—转让（BOT）、建设—拥有—经营（BOO）等建设投资的项目，高校可采用提供项目管理服务为主的项目管理模式，对于项目勘察、设计、采购、施工、试运行等全部或部分环节实施项目管理。

每个基本建设管理模式都各有其优缺点，高校的基本建设管理都必须依据国家法律法规并结合自身实际情况，本着维护国家、学校利益的原则，在能发挥高效能与效率管理的前提下，采用适当的基本建设项目管理模式。高校身处在新时代的历史条件下，建筑业市场高速发展，社会分工越来越细、越来越专业，校基建管理业务将逐渐分解为核心业务模块和辅助业务模块。核心业务工作主要包括项目决策、规划管理、设计管理、合同管理、信息化管理等业务模块，主要由高校基建管理部门负责，而辅助业务工作，如工程管理、造价管理、招标管理、材料管理等其他业务模块则不断趋于社会化和外包化。高校的基建管理要合理利用现有的人力资源，实现社会资源和高校资源的高效整合，采用适合学校和建设项目特点的管理模式。

二、完善制度，提高制度的执行力

1. 建立基本建设决策体系，切实落实责任制

要建立基本建设决策体系，可成立专门的基建管理工作领导小组，切实落实各项管理责任。基建管理工作领导小组成员由高校行政领导，分管院领导，基本建设、设备、后勤、财务、监察审计等部门负责人及师生员工代表组成，负责在基建工程实施过程中贯彻落实国家各项法律法规，监督落实各项规章及法律文件的执行，对基本建设管理的重大问题进行决策、部署。基本建设重大事项须经合法性审查、专家论证、风险评估以及教代会、工会代表大会审议通过后，再由学校党委审议决定，并按法定程序报批；依照法律法规建立重大决策终身负责制和责任追究制度，对于可能会对公众利益造成重大影响的项目应当采取适当方式公开征求意见。

2. 建立健全规章制度

完善学校招标管理、工程变更及签证管理、工程技术档案管理、基本建设项目投资控制管理、工程质量和安全管理、工程款支付和结算管理以及基本建设全过程审计监督等相关管理规定，明确与规范工程立项论证、招投标、合同管理、施工现场管理、竣工验收等环节的工作流程和工作时限要求；建立健全建设项目工程款支付管理办法和审批程序；工程款支付会签制度；基本建设合同文本审查会签制，重要合同文本应经学校法律顾问审签，同时明确和规范各管理部门和各级管理人员的工作职责和管理权限，不得越级审批，使高校基本

建设管理的整个过程有规可依，有法可依。

3. 加强对高校基本建设工作的监督检查

高校监察审计部门要加强对基本建设工作的监督检查，建立项目业主全程审计跟踪监督制度，切实落实责任追究制，对在基本建设工程中违反工作流程、工作效率低下、部门和个人相互推诿、违规审批和廉洁自律规定等行为，无论是哪一级管理人员，都要严格按照有关规定及时给予纠正，情节严重的要给予严肃查处，追究责任，绝不姑息。

三、建立基本建设专家委员会

高校的优势之一就是专业人才的多元化。高校可以充分依靠校内外专家，通过专家座谈、专家咨询、专家论证等多种方式，为学校基本建设出谋划策、为科学决策提供依据。高校一方面可以建立常态性的专家评审库，采用高校选择、高校推荐和相关人员自我推荐的方式来建立基本建设专家委员会；另一方面可以建立合理的专家遴选机制，可以采用随机抽取的方法从专家库成员中抽取评委员会的组成成员，这可以在很大程度上保障基本建设过程的公正性、可靠性，避免权力寻租事件的发生。

四、加大项目协调与沟通

高校的基本建设的特殊性，要求基本建设管理部门要协调许多部门和单位，处理大量复杂的具体事务，各部门只有在很好履行各自的职责和维护学校利益的前提下，共同出主意、想办法解决问题，才能推动学校建设。

这就要求高校首先必须完善基本建设管理部门设置，按工作性质归类管理，部门不能设置过细、过小，明确相关部门职责和各级管理人员岗位职责，使他们各司其职、各负其责，各部门、人员间相互协作和监督，避免职责不清、相互推诿、扯皮现象发生。

其次，高校分管院领导要积极主动协调学校内部的基本建设管理部门、学校办公室、计财处、监察审计、项目使用部门、后勤及其他各部门的关系。各部门不能各自为政，认为基本建设工作只是基本建设管理部门的事，要大家认识到只有学校内部各部门团结一致，才能很好地推动学校的基本建设工作。

另外，高校基本建设管理部门要认真协调与施工、设计、监理、过程审计等单位之间的关系，本着甲乙方平等的原则，在依法维护学校利益的前提下，严格按合同及国家相关管理规范进行管理，及时解决在工程建设过程中出现的各种问题，及时化解矛盾，不能遇到问题就后移，导致矛盾激化或腐败现象发生。

同时，高校基本建设管理部门和学校的主要领导要与政府各部门进行有效沟通，让领导们知道学校办学情况、办学需要和困难，争取他们的理解和支持，有效推动项目建设进度。

五、合理安排项目建设计划

基本建设具有相应的程序和时间要求，其管理必须遵循其特定要求。基本建设项目规划安排是工程建设的重要环节，科学的项目规划安排，有利于对项目的各个环节加以掌控，减少重复建设，节约投资，减少各环节中的矛盾。

高校在进行基建管理的过程中首先要依据校园总体规划，按照基本建设程序要求，对每一个拟建的基本建设项目做好相应的程序和时间安排。高校要根据使用时间要求及时对项目立项等按时做出科学决策，不能久拖不决，明确先建什么、后建什么、怎么建、建设所依据的标准，对招标、设计、施工等各阶段时间做出合理规划，避免由于时间紧，出现违规违纪和影响工程质量的现象。

第二节　基建管理的信息化建设

一、基建管理信息化的内涵

信息化是指以现代通信、网络、数据库技术为基础，对所研究对象各要素汇总至数据库，供特定人群生活、工作、学习、辅助决策等和人类息息相关的各种行为相结合的一种技术。基建管理的信息化就是利用信息化手段，将基建管理工作的档案管理、投资控制、合同管理、进度控制、质量控制、组织协调等工作进度与效果信息化，利用计算机的存储、交互及分析功能，实现建设过程中各项信息的无纸化办公，便于后期的查询与更新，保持信息的高效沟通。

随着高校建设发展，高校的很多领域已经有比较成熟的信息化成果，包括教学信息化、科研信息化、生活信息化，依靠校园网、互联网、物联网，构建无所不在的网络，实现人与人、人与物、物与物的连接和智能应用。在基建项目的管理中，各项资料、程序、沟通、交互等信息量是相当大的，这对管理人员提出了更多的工作强度要求，且手工处理的文件、资料往往在处理速度方面不能满足现代化管理的要求，在这种情况下，若不借助信息化手段，基建工作则很难有突破性进展，于是，基建管理工作的系统化、标准化、程序化、信息化应该坚决贯彻到基建管理的各个层级流程中。此外，随着"十三五"期间建筑业信息化水平的进一步提升，建筑行业的数字化和BIM技术应用趋于普遍，未来企业之间的竞争，将进入到信息化竞争时代，建筑业的自身发展也需要高校基建管理的信息化来推动、促进。

高校基建管理信息化是发展的必然趋势，一方面可以做到对管理过程中各个环节的进度、质量与安全等问题快速定位和标识、指派任务、高效整改、全过程透明可见；另一方面可以对项目施工现场的质量、安全、进度、材料设备等进行实时高效、有序管理，提升工程现场的工作效率和执行能力，实现"零距离"的精细化现场管理，并及时发现问题、调整工作安排、控制潜在风险，降低管理成本，提高管理效益和工作透明度，增强信息公开时效。

二、信息化建设的措施

基建管理信息化是大势所趋，由于高校及高校基建项目自身的特点，在基建管理信息化的过程中，必须要加强管理标准制度流程的规范，根据自身实际情况和要求，进行管理的信息化建设，不能照抄照搬；加大管理人员的信息化专业培训学习，让他们会用、爱用、方便用，使管理的信息化得以推广、完善和持续，有效提高工作效率，提高基建项目基建管理水平，推动高校基建管理的精细化，保证基本建设流程的规范、高效、实时、留档、追溯、廉洁。

（一）高度重视、积极推进

基建管理信息化建设不单纯是一个技术问题，也不是一个部门能完成的事，不仅要对负有基建管理相关职能的机构、部门进行优化设置，明确各自工作职责和人员配置，还要对基建工作的任务和流程进行优化、汇总研究，它需要学校领导和管理人员从上到下都高度重视，充分认识基建管理信息化的重要性和必要性，立足全局观念，明确权责义务，多部门和人员分工合作，充分考虑各部门业务之间的关系，数据共享，才能有效地推进基建管理的信息化建设。

（二）推进智慧校园规划建设

基建管理的信息化建设是高校智慧校园建设的一部分，在基建管理信息化建设时必须先搞好智慧校园的规划建设，把整个学校与师生教学、生活、工作有关的智能系统所需的硬件设施、网络环境、安全机制及相应的配套软件等基础条件进行统一规划，以满足学校整体和全局性的管理来进行统一建设，从以往单个建筑智能化向整体校园智慧化发展，避免各自为政，系统各不兼容，数据相互不能共享，造成投资浪费。整个学校的智慧校园规划完成后分阶段、分项目、分职能实施，形成师生、建筑、校园环境、工作业务、教学相互协调统一的整体。

（三）建设和优化基建管理平台

基建项目管理平台建设是高校基建管理信息化的核心任务，管理平台主要根据高校基本建设项目全过程管理的业务规范，围绕基建管理办公协调、项目规划与决策、项目过程、项目后期等项目管理的具体业务搭建模块，所开发出的功能模块要具有适用性，建立统一的信息数据交互平台，实现参与项目管理的人员的信息流转、审批、上报、下达通过平台网络完成，不需要纸质文件传达和签证；实现项目从立项、勘察设计、招标、合同、资金、监理、施工、验收、交付、结（决）算、档案等所有节点的记录和控制的全过程网上管理；可以对工作节点和变更等方面的不符合规范行为及资金的使用情况进行提醒和预警；可以实时对建设项目信息进行准确性、快速统计分析，为基建管理部门提供决策依据及实现各高校根据自身实际情况设计其他功能。

1. 规划决策管理部分

实现立项、可行性研究等办理审批流程，可以查看每个办理流程中所需准备的资料及相关报告、专家意见的内容。

2. 项目过程管理部分

实现建设手续办理流程、要求及进行状态显示；记录招标过程管理，完成招投标文件，根据部门规章制度完成会签、流转、确认、修改以及保存；留存勘察意见、设计图纸，记录学校部门用户的需求、专家审查意见和各种论证意见，还可以设置有条件的对项目实施 BIM 管理完成碰撞检查、优化设计方案；记录合同会签、执行情况、变更情况管理并及时预警和反应各类报表情况；实现通过物联网的设备对现场施工质量、进度、安全、验收管理、施工日志投资进行监控并预警,重点是变更审批程序的网上流转,可以利用项目 BIM 施工管理,强化施工资源动态管理、成本实时监控;对监理单位的人员到位情况、资料的完整性、监理人员的履职情况进行监控,与监理实现联动信息化管理,对现场质量、安全、进度实施实时监控并通过系统反馈到施工单位及时整改相关问题情况。

3. 后期管理部分

实现工程项目概算追踪、工程送审、工程结算、资产移交、维保和工程竣工档案移交的网上办理、查阅和统计。也可以通过项目 BIM 建设实现数字化交付,在运营维护阶段实现可视化运维。

4. 综合管理部分

与学校办公系统以及财务管理系统结合,对基建管理事项流程进行规范流转,对谁主办、谁协办、办理程度、办理节点、办理时效实现智能管控和预警提醒,形成"发起—经办/协办—完成—考核"的闭环,完成全过程动态记录,实现效率考核和责任追溯;实现基建管理的相关通知信息、规章制度、会议纪要等公共信息事项的发布和查询,能显示公告、待办任务以及项目资金、管理方面的预警信息。

5. 其他部分

各高校可以根据自身的实际情况,对基建管理方面需要重点管理的可以单独作为一部分进行管理,进一步提高管理效率和规范性。

(四) 做好各系统的协调配合

每个高校都有很多管理系统,如办公、人事管理、后勤管理、财务管理、教学管理等管理系统,每个系统都有自身的功能和作用,基建管理部门必须要和各单位之间进行信息化沟通,实现信息、数据共享,才能使管理平台能更好地发挥作用,有利于学校管理水平的提高。

(五) 积极使用、推广

任何一个新鲜事物的使用和推广都有一个不方便、不习惯到方便、离不开的过程,如果高校基建管理平台建好后不使用,或者不经常使用,就会导致投资浪费，不能发挥其应有的作用，也不能给予完善。只有管理负责人带头使用，带头克服不适应，才能推进基建管理人员和项目实施单位共同使用，共同为高校基建管理平台的更新和完善献力献策，为后期建设项目提供相关参考依据。

第三节　基本建设项目经费管理

一、抓住机遇，转变观念多渠道筹集基本建设投入

公办高校的基本建设资金主要来源于政府项目拨款，但是，政府项目拨款有限，社会发展对学校的基本条件要求又不断提高，如学校的基本建设不能满足办学的基本需求，就会直接影响学校的生存和发展。高校要发挥各种力量，积极筹措建设资金，促进学校的发展需求。

1. 政府财政支持

高校基本建设资金最主要的来源是政府的财政支持。近年来，教育部门更加倾向于将政府资金通过项目导向的方式投入高校基本建设中，因此办学条件还未完全达标的院校，要在合理调配校园资源的同时，及时了解国家相关政策，关注国家在教育领域投资思路的变化，应充分利用国家在相关科技基地建设改革等方面的专项投入，积极申报项目，以获政府财政支持。

2. 银行贷款

银行贷款也是高校筹集基本建设资金的渠道之一。高校可以根据自身的优势条件争取各类银行信贷机构对的资金支持，优化资金结构，缓解基本建设资金压力。但学校在积极增加贷款为学校投入资金的同时，要注意学校还贷的压力与教职员工收入不断提高等方面的矛盾，如处理不好就容易产生风险，所以在进行银行贷款的同时，必须根据学校自身的收支情况，经过科学论证，合理地提出贷款数额。

3. 校办企业

高校要利用自身的专业和人才优势面向市场，利用科研成果转化，吸引企业投资，将科研成果转化为生产力，发展校办企业。校办企业可以以资金投入的方式直接支持学校的建设，也可以以股东的身份加入高校中，双方利益共享，互利互惠。这些方式可以提高学校的社会影响力，同时补充基本建设资金的不

足,从而支持学校的发展。

4. 社会捐助

社会捐助是高校的一种传统筹资渠道,捐助者一般是高校的校友,或者是与学校合作过的企业,但是,由于目前高校的社会影响力和学生毕业后的成长有限,社会捐助收入占融资比例较小。但对于企业来说,捐助不仅是一种提高自身知名度的宣传方式,也是一种吸引优秀的人才方式,同时也有一定节税的功能,所以这一方式仍有发展的空间,高校需要广开渠道,加大宣传,争取社会捐助。

5. 经营权转让

高校在地理、人才、师生消费等方面都有独特的优势,在国家的政策范围内,可以利用自身优势的资源吸引社会资本投资,学校拥有资源的所有权,将一定时期或比例的经营权、使用权和收益权出让给投资方。学校再将这部分资金投入学校其他的建设项目中,可以缓解学校基本建设资金压力,保障学校办学的基本条件需要。

6. 校企合作

依托行业企业,通过校企合作,产教结合,企业出资金和设备、学校出场地和师资,双方共同制定培养方案等方式,将企业的部分生产资源转化为学校教学资源,既可解决高校教育实践教学条件不足的问题,改善和充实学校办学条件,降低办学成本,又为企业深度参与人才培养提供了新的途径,使企业能更好地通过校企合作培养急需人才。

二、提高建设资金的使用效益

高校基本建设既要满足师生使用的需要,又要保证学校可持续发展目标的实现,基本建设资金的管理是否合理,直接影响到基本建设目标能否顺利完成。在基本建设管理过程中,高校必须重视资金的管理与使用,将基建财务管理与监督纳入高校财务管理体系中,由专人负责管理,完善基本建设财务规章,统筹资金安排,严格财经纪律,对高校各个建设项目的投资情况、资金来源以及进度支出情况做出科学的预测和论证,充分发挥财务在项目决策中的监控作用。

同时,还要加强工程进度款拨付的财务管理。一方面工程款拨付不及时,会影响工程的进度,从而影响工程竣工时间,造成经济纠纷,而超额拨付工程款又会影响工程结算，造成经济损失；另一方面基本建设财务人员必须做好调查研究，随时了解施工进度情况，对工程进度做到心中有数，并分析工程概算、预算情况，合理调配资金，严格执行预算计划和工程合同，按照合同价款和拨付方式给予付款，有效的监控资金使用，保证基本建设资金的安全、高效使用。

第四节　管理队伍建设

高校的基本建设任务存在着工程规模大、技术要求高、时间紧等具体问题，基本建设管理部门不仅要负责协调学校内部各部门、学校与政府各部门、项目实施单位（地勘、设计、监理、施工等）之间的关系，还要办理各种建设手续，负责解决处理在项目实施过程中出现的各种问题。因此，高校要根据建设任务和学校发展的需求，充分调动学校的各方面资源，建设一支相对稳定的专业能力强、能吃苦、会协调的高素质基本建设管理队伍。

一、做好思想政治教育

思想政治理念是指导或左右管理人员管理行为的意识形态。在基本建设管理过程中，往往会有一些思想政治觉悟不高的管理人员因金钱利益的诱惑，造成管理不严、监督不力，从而导致质量事故频出等问题，致使一些领导者、管理者德才失调，给单位和个人造成巨大损失，也给社会造成不良影响。

基建管理队伍要有敢于吃苦、乐于奉献、大胆创新和敢于担当的精神，才能更好地实现科学管理，提高经济效益。因此在基本建设管理过程中，要经常对管理队伍进行思想政治教育，让所有管理人员树立合法合规的理念，依法管理，还要给管理队伍树立公平公正的理念，从源头开始综合管理，管理重心要从事后处置向源头管理前移，管理对象要涵盖自身、招标代理、造价咨询、勘察设计等主体单位或人员。

二、提升专业管理能力

随着社会进步，建筑行业突飞猛进，政策调整、新行业规范、新技术、新材料、新工艺不断出现，这就要求高校基本建设管理人员的专业水平能力也必须适应社会发展。

高校基建管理人员不仅要具有丰富的建筑行业专业技术知识，而且还要具备法律、经济管理、财务审计等相关基础知识，同时还要有一定的科学预测、组织协调、自我约束、人际交往、自我减压和风险防范能力。这些知识和能力的提升，除督促管理人员长期坚持自学外，高校每年还应该组织集中学习培训，主要学习新知识、新技术、新法规，以提升专业水平能力；定期组织外出参观学习、在职进修或脱产进修等，提升其组织管理与项目评价水平能力。

三、建立激励机制，提高基建管理效率

高校基本建设管理岗位是备受关注的岗位，要充分调动大家的工作积极性、创造性，又要确保工程质量、进度，提高管理效率，激励机制不可少。高校应该制定一套针对基本建设管理的激励机制，包括职务晋升、收入分配、绩效奖励、突出贡献等，以确保形成一支高素质的、稳定的、有活力的基本建设管理队伍，这也有利于提高基本建设管理效能，做到高薪养廉，减少基本建设腐败，从而保护干部、职工。

四、加大问责和处理力度

随时检查基本建设管理人员的工作情况、履职情况、廉政情况、效率情况，检查是否按规定办事，发现问题对事不对人，及时处理，绝不姑息迁就。高校加大问责和处理力度，就是为高校基本建设中的腐败行为竖起一道坚实的屏障，让所有经手人员"不敢腐"。

第五章
建设项目决策的精细化管理

第一节 项目决策

高校基本建设项目决策是高校在进行基本建设工程项目施工前的各项准备工作，主要包含立项、可行性研究报告的编制，是从准备建设一个项目到请相关专家对该项目建设的必要性与可行性进行分析论证，对项目建设能否取得预期经济效益、社会效益进行研究分析，起草项目的建议书、编制可行性研究报告、进行初步设计、方案设计等所有工作的总和。

项目决策是后期建设工作的基础，起着决定性作用。为了避免和减少建设项目的决策失误，提高项目资金的使用效益，在项目决策阶段，需要对是否应该进行该建设项目做出判断，并对基本建设项目的规模、投资的规模、资金的使用方向等方面做出决定。高校项目决策的准备工作包括：

（1）拟建项目规模和建设地点的初步设想；
（2）学校的基本情况；
（3）对于学校来说特别方案的设想；
（4）投资估算和资金筹措；
（5）环境影响初步评价；
（6）项目建设进度的安排；
（7）经济效益和社会效益的初步估算；
（8）主要结论及需要说明的问题等。

一、项目建议书

项目建议书是进行可行性研究的直接依据，也是国家选择项目的依据条件。根据法律有关规定，项目建议书由项目负责单位法人提出，一般委托有资质的咨询单位或设计单位编制。高校在项目建设周期的初始阶段，根据学校发展规划和国家有关政策及规定，从宏观上对拟建设项目的建设必要条件的可行性与合理性进行分析，并做出项目的投资建议和初步想法，形成项目建议书。其主要内容应包括：

（1）学校基本情况；

（2）项目概括（必要性、目标、建设地点及建设方案等）；

（3）建设条件初步分析；

（4）投资估算及资金来源；

（5）环境影响初步评价；

（6）主要结论及需要说明的问题等；

（7）法律法规规定应提交的有关文件。

项目建议书编制完成后，学校在正式报送有关主管部门审批前首先要对其进行认真初步审核，必要时要邀请行业有关专家及教职工代表参加，重点应在以下六个方面：

（1）是否满足国家要求，咨询成果首先要满足国家的宏观经济调控政策、产业发展政策和可持续发展政策要求，符合国家和有关部门颁发的法律法规、规范和标准等要求；

（2）项目建设的必要性是否充分；

（3）建设地点选址是否合适，功能布局是否合理，是否有重复浪费建设的情况；

（4）财务经济效益的粗略估算是否合理，是否能满足建设单位的投资计划；

（5）对遗漏论证不足的问题，要求咨询单位补充修改；

（6）如果项目成立，在报送主管部门审批前还应提出补充办理哪些文件手续。

二、可行性研究报告

可行性研究在项目投资决策前的程序中占有主要地位，我国建设项目的可行性研究于1983年被正式纳入了基本建设程序，其具体方法是在通过审批的项目建议书的基础上，通过对有关资料、数据的调查研究，对工程项目的技术、经济、环境等进行详细的论证和分析，对项目的建设、投资和安排计划提出可行性建议，为项目决策提供详细的依据。可行性研究报告编制的详细规定要参照中华人民共和国建设部《建筑工程设计文件编制深度的规定》（2016年版）执行，主要内容如下：根据项目建议书的批准文件，对项目技术、工程、经济等方面的可行性和合理性进行全面分析论证。提出可行性研究报告，主要内容包括项目概况、需求分析与建设规划或配套条件、项目选址及建设条件、建设方案、环境保护、消防职业安全卫生、节能和地质安全、工程建设招标方案、投资估算及资金筹措、财务评价社会效益分析、建设周期和工程进度安排并附具附表、附图以及法律法规规定的应提交的有关文件。

高校基本建设项目的可行性研究是高校在项目决策前对拟建设项目进行的全面技术经济分析论证，它是学校在基本建设项目开始建设前的主要工作内容，也是基本建设程序中重要的一环。

高校项目的可行性研究报告的工作程序是：

（1）取得批准的项目建议书；

（2）委托咨询单位并签订咨询合同；

（3）咨询单位开展工作：组建研究小组制定研究计划、调查研究收集资料（包括用户资料、室外配套工程资料），进行方案设计和优选、实行经济分析和评价、编制可行性研究报告；

（4）接受并审查可行性研究报告；

（5）向主管部门报送。

第二节　新时代高校基本建设项目决策面临的挑战

项目决策在高校基本建设的程序中有着举足轻重的位置。决策阶段将对建设项目的资金使用、建设用地使用、建设方法、建设手段等进行严格的设计，虽然在决策阶段投资大约占工程项目总投资的2%，但其对工程投资的影响程度可高达80%以上[①]，也将对最终项目的建设效果产生巨大的影响。高校在进行项目建设时，由于技术与政策革新等各方面因素，在拟建设项目的技术论证和效益分析的细致程度、建设方案的优化选择、投资额测算的准确性等方面面临许多新的挑战。目前高校在项目决策时面临的挑战主要有以下五个方面。

一、对项目决策重视不够

高校基本建设项目可行性研究报告不仅是项目前期准备项目立项的一项必

---

① 吴玲，刘宗志. 高校基建项目精细化管理实践与探索[J]. 价值工程，2012（09）：239-240.

需法定文书，其也对项目实施过程具有指导性。很多高校在基本建设的过程中，由于没有对项目的可行性研究引起足够的重视，项目的潜在风险扩大了。有的学校不按相关规定认真进行建设项目的可行性研究把关，虽然成立了项目决策领导机构，但其机构的成员缺少专业工程师、造价师或经济师等专业人员，相关职能部门也不齐全，缺乏监督，用领导的主观意志替代了科学的分析，仓促决定，不能够对项目的建设可行性提出准确的建设意见。甚至有些学校的基本建设项目根本没有成立项目决策领导机构，而只是由学校领导或基本建设人员凭借自己的主观想象来指导和审核建设项目的可行性研究报告或任由可行性报告的编制单位自行编写，而不认真进行审核把关，应付行政主管部门完成立项任务，这也就会给今后项目建设带来风险。有的学校是在建设项目完成立项后就将可行性研究报告置之不理，不认真落实，认为可行性报告只是用来立项使用，那么这将可能造成资金投资浪费，难以达到基建项目建设的预期经济和社会效益。

二、项目立项决策深度不够

有些高校在进行基本建设立项决策中制定项目建议书和可行性研究报告时，常常存在调查及研究的深度不够，没有对项目建设的必要性、可行性与经济性等做详细的调研分析，没有在造价控制上合理进行测算等问题。比如出现缺项、漏项等，导致项目规模建设过大，等级过高；一些项目的投资估算只是静态估算和粗算，投资估算和概算的准确程度差，又或者存在抬高标准、内容漏列、取费偏低等问题，从而影响建设项目的经济效果，不利于对建设项目工程造价的控制，也可能会使建设项目投资估算失效，为高校项目后续发展带来许多风险。

三、可行性研究报告的内容不完整

项目可行性研究报告的内容编制具有严格的体系要求，其内容主要有：项目概况、项目建设的必要性、市场预测、项目建设选择及建设条件论证、项目规划方案、建设规模和建设内容、项目外部配套建设、环境保护、劳动保护与卫生防疫、消防、节能、节水、总投资及资金来源、经济、社会效益、项目建设周期及工程进度安排、结论等[1]。有些高校在进行项目建设的过程中常常由于自身人员专业性不足等原因，对可行性报告内容的完整性没有进行详细的检查核对，常常缺少其中的某一项或某几项项目，有的没有节能、节水的规划，有的没有对社会效益进行描述，有的甚至缺少方案的比选等情况，这会给建设项目带来一系列隐藏的建设风险及财务风险等问题。

四、可行性研究报告缺乏公正性和客观性

建设项目的可行性研究是建立在大量的研究数据之上，采用一定的评价指标对项目进行论证的结果，在论证过程中数据的可靠性与指标的科学性是影响可行性报告公正性和客观性非常重要的因素，可行性报告的公正性和客观性是判断项目是否值得建设的基础，若是没有公正性和客观性，那么其可行性报告的内容将大打折扣，只是为了完成项目程序而做的工程，这将导致项目的经济性和效益性都无法达到预期要求。

高校可能因为自身人员的一些专业限制，对可行性研究把关不严。一些咨询机构可能出于投审批者所好以便尽快通过审批或为了自身利益考虑，会为了"可行"而研究，不认真进行项目调查，不对学校的历史和现状准确把握，不对高校的基础数据进行调整和多变量分析，仅凭经验主观进行判断，在分析时有意降低项目投资估算、提高收益估算、缩短建设期和效益回收期、回避主要指标、忽视敏感性分析和风险分析、选择次要和辅助评价指标、掩盖项目中的矛盾和风险，不分析风险或降低风险，不进行可行性多方案的比较论证，或虽有几个方案，但在论证时带有倾向性的侧重论证某一方案，对其他方案只是简单分析说明对比，等等，这些都会导致可行性研究报告不合理、不科学，缺乏公正性和客观性。

第三节　项目决策的精细化管理

高校基建项目管理是一项复杂的系统工程，涉及项目决策、立项、设计管理、前期准备、采购管理、实施管理、文档管理、项目后评价等多个方面内容。

---

[1] 庞玉娴，秦学恩. 高校新校区建设项目前期可行性研究存在的问题及对策[J]. 产业与科技论坛，2009（06）：143-145.

项目决策是选择和决定投资行为的过程，对拟建项目的必要性和可靠性进行详细论证，对不同建设方案进行分析比较，然后做出是否建设、怎样建设的决定。项目决策管理作为基建项目管理过程中重要的部分，在高校基建管理中起着至关重要的作用，其水平和质量将直接影响到项目建设的质量、进度和投资效益。必须通过建立更加科学有效的决策机制、项目评价机制和决策责任机制，才能有效提高建设项目决策水平以及管理质量。

一、组建具有代表性的决策委员会

高校在进行基本建设项目决策时必须要重视项目建设决策的科学性，不仅要考虑近期实际需要，还要考虑远期发展需求。要集思广益认真分析研究决定项目的建设与否，不要凭领导"拍脑门"，必须对学校拟建的基建项目进行科学的论证。学校成立基本建设委员会，书记、校长任组长，分管校领导为副组长，成员由党政办公室、发展规划、财务、国资、基本建设、后勤、工会、审计、纪检等相关职能部门及教师和学生代表等组成，在这个委员会中既要有高校负责基本建设的专业人员，还要有基建项目的使用单位的人员，不仅包括学校高层领导、中层领导，还应包括各基层教师和学生代表。学校领导作为学校的决策者，要综合考虑高校发展规划目标、学校办学历史情况、学校财务资金状况和周边社会环境情况；教师作为学校的中坚力量与建设项目的使用者，学生作为基本建设项目直接受益者，对教室、实验室等的使用情况比较清楚，提出对教学工作和学习环境的具体需求。

学校基本建设委员会主要负责对学校基本建设项目实施的重大事项，如项目建设立项、项目建议书、可行性研究报告、招标文件、重大合同变更事项进行研究、分析、论证，给学校党委和行政决策提供重要依据。组建这样的以学校管理者、使用者为一体的决策体系，对项目正确决策和项目的顺利实施有着重要意义。

二、认真编制项目建议书

项目建议是高校进行基本建设前的必要工作，是高校基本建设程序中的一个重要内容，也是学校主管部门对项目审核的重要依据。学校向主管部门报送项目建议书进行初步审核时，要具备以下内容：请示文件、学校决策会议纪要、校园规划、项目建议书、其他相关材料。项目建议书主要包括项目概况、建设依据和必要性、拟建规模、建设地点、投资估算、资金筹措、项目进度安排、效益分析等内容。

学校按照校园建设规划，在提出基本建设目标和任务，进行项目的决策编制项目建议书时，首先要对学校使用部门提出的需求、建设资金的来源情况、建设项目的技术要求、学校未来的发展、校园土地和学校周边条件等实际情况进行仔细调研分析研究，然后才能对拟建项目的建设规模、地点、投资估算、进度安排做出正确判断，也才能对其社会效益和经济效益做出科学分析，如果资料不齐或内容不科学、规范、完整，将势必影响项目建议书的准确性和科学性，也影响下一步可行性论证的实施。在项目建议书初步完成后要多方面征求意见，通过学校成立的基本建设委员会，认真对基建项目建设的功能、规模等需求状况、项目实施的基本条件、资金情况进行分析研究，择优选择建设项目的规模、地点和时间，分析论证工程项目建设的必要性和可行性。在完成相关程序后，按学校"三重一大"的管理规定，报校务会或党委会审定，并按程序报学校主管部门。

三、严格审核可行性论证报告

一个好的可行性研究报告，是项目的决策工作具有科学性和可靠性的重要保障。国家对建设项目可行性研究报告的编制单位、工作质量和深度都有具体的要求，高校作为建设的业主方，通过认真做好可行性研究，使项目的决策工作建立在科学性和可靠性的基础之上，在按规定委托具有相应单位进行项目可行性论证工作后，要准确详细地向委托的咨询单位提供学校的相应资料，提供便利条件和资金，督促咨询单位严格按关键有关规定完成可行性研究的相关内容，提出完整的可行性报告。

可行性报告的主要内容包括：建设项目的需求分析与规模、场址选择、建筑方案选择、节能节水措施、环境影响评价、组织机构与人力资源配置、项目实施进度、投资估算与资金筹措、招标方案及项目招标基本情况、财务评价、社会评价、研究结论与建议等。学校在审核可行性论证报告时要特别注意审核以下内容，保证其公正性和客观性和科学性，保证其完整、真实、可靠：

（一）是否合理确定建设项目的规模、标准和风格

根据学校自身规模、办学定位和发展规划，将学校的实际情况和未来发展

需求相结合，遵循规模效益的原则，充分考虑学校教学工作的实际规模需求和目前的财务资金状况，各种建筑功能要很好地服务于教学、生活，符合安全、经济合理、实用、可持续的原则，建筑风格既传承学校的传统，又体现学校现在和将来发展的特色，注意空间的连续性，同时通过集约化的建筑设计手法，在有限的用地内创造更多的交往空间，保证师生教学、生活、工作质量的基本需求，不贪大求洋，也不能落后于现实。

（二）是否正确选择建设地点

建设地点的选择要根据学校的校园建设规划，既要考虑校园功能配置要求，也要考虑近期及远期的城市区域规划和环境因素（包括基础设施条件、气象、地质、水电等条件）等配套情况，尽量降低建设成本，减少运行成本，提高使用效益，以满足后期学校发展要求。

（三）是否准确对建设项目进行成本估算

高校基本建设项目成本估算的准确性影响着项目的建设决策、建设规模、设计方案及投资经济效果，并直接影响到项目建设能否顺利进行。因此，必须通过科学的可行性论证与项目成本估算，制定合理的规划方案和总投资成本控制目标，并在项目不同阶段采用相应的控制策略，提早预防成本失控，减少和避免投资决策的失误，提高项目投资的效益，实现项目投资决策的科学化。

四、科学落实可行性建设方案

基本建设是一项程序性很强的工作，具有很多法定的程序和规则，学校在项目实施的过程中，必须要按项目可行性研究报告的建议，根据基本建设程序要求推进项目的建设计划，不能因为赶时间而不按正常的建设程序进行，这会造成诸多安全、质量和投资浪费问题，而且也有可能滋生腐败。同时由于基本建设项目的建设周期长，受市场、环境等多方面变化因素的影响，在项目的实际实施过程中要随时根据市场与环境等动态因素的变化，对具体问题具体分析，根据实际情况对项目建议书和可行性研究报告中的内容进行适当调整优化，做到优胜劣汰，尽量减少和排除工程项目建设中的决策失误，以提高投资效益。

第六章
建设项目招投标的精细化管理

基本建设中招投标活动是一项经济活动，应遵循经济活动的客观规律，其目的是通过公平竞争择优选择最符合招标文件要求的投标人作为中标人。《中华人民共和国招标投标法》《中华人民共和国政府采购法》《中华人民共和国招标投标法实施条例》等法律法规都对建设项目招投标做出了明确规定，任何单位和个人都没有权利凌驾于法律之上。高校基建项目的招投标工作也必须严格按照国家相关法律法规，结合学校的实际情况，对招投标工作实行精细化管理，制定严格的工作流程和完善的监管机制，使招投标工作能在透明、公正地基础上有序进行，选择"报价合理，保证质量和工期，社会信誉高"的项目实施单位。

第一节 招投标管理

我国自加入世贸组织以来，国内市场的竞争越来越明显，越来越激烈，为了更好地维护市场公平、公正，更好、更快适应世界市场，必须加快改革建设工程领域的管理模式，找到适应适合我国市场经济的新的竞争模式——招投标。

一、招标投标

招投标是一种商品交易行为，是交易过程的两个方面。在招投标过程中，首先要清楚"招标""投标""开标""评标"和"中标"的概念。

1. 招标、投标

"招标""投标"是在市场经济条件下进行工程建设、货物买卖、财产出租、中介服务等经济活动的一种竞争形式和交易方式，是引入竞争机制订立合同（契约）的一种法律形式。招标是招标人在招投标过程中的行为，投标则是投标人在招投标过程中的行为,最终的行为结果是签订采购合同,产生招标人与投标人之间的合同关系[①]。

2. 开　标

开标是指招标人在规定的地点与时间,在有投标人出席的情况下,当众拆开标书,宣布投标人的名称、投标价格和投标价格的有效修改等主要内容的过程。

3. 评　标

评标是指招标人按照招标文件的要求,由招标小组或专门的评标委员会,对各投标人所报的投标资料进行全面审查并择优选定中标人的过程。评标是一项比较复杂的工作,要求有生产、质量、拉验、供应、财务、计划等各方面的专业人员参加,对投标人的投标方案从质量、价格、工期等方面进行综合分析和评比。

4. 中　标

中标是指招标人以中标通知书的形式,正式通知投标人其已被择优录取。这对于投标人来说就是中了标,就招标人来说,就是接受了投标人的标。经过评标择优选中的投标人称为中标人,在国际工程招标投标中,称之为成功的投标人[②]。

二、招投标管理

招投标管理是从招标人对工程建设、货物买卖、劳务承担等交易业务,事先公布选择采购的条件和要求,招引他人承接,若干或众多投标人作出愿意参加业务承接竞争的意思表示,招标人按照规定的程序和办法择优选定中标人的整个活动过程管理,也就是对招投标过程中招标、评标、中标等流程进行管理。实行招投标管理的主要目的有以下几点:

1. 推进我国建筑行业的健康发展

实行招投标制度之后,在技术水平、管理能力以及投资资金方面,投标人之间都会开展公平竞争,这样能促进企业不断创新,提高自身的管理水平与科

---

① 付强. 地铁项目通信系统采购招标模式研究[D]. 广州:华南理工大学,2011.
② 蒋煜华. 国际工程投标报价研究[D]. 成都:西南交通大学,2007.

技水平，在竞争中不断研发新的产品来凸显自身的优势，建筑业的技术水平和经济效益也就随着建筑招投标制度的实行而不断提高。

2. 有利于提高工程质量

虽然在开展招投标工作的过程中，使用到的招标方式及确定下来的招标项目规模有一定差异性，但在实行公开招投标的过程中，可以将很多投标方组织到一起进行公平竞争，这不仅能将市场竞争机制的优势充分展现出来，还能让工程项目质量得到大幅度提升；同时已建工程是投标企业的业绩，以后不仅会对其资质的评估起到作用，而且对其承接其他项目有至关重要的影响，因而投标企业会将工程质量放到重要位置，有利于工程质量的提高。

3. 有利于促进行业规范，预防腐败

随着《建筑法》《招标投标法》《政府采购法》等一系列法律法规的实施，国家对招投标的管理有详细的规定，建筑工程的招投标会受到法律的保护和制约，可以对建筑工程行业内部格局进行优化调整，将优胜劣汰这一原则的意义充分展现出来，促使各个施工单位的综合实力得到一定程度提升；与此同时，整个市场中法律会对有关的经济活动进行监管，相关部门会对招标、投标和评标整个过程进行全面的监督，保证工程项目招投标及建设能够更加公平公正，防止行贿受贿行为的出现，从而使整个建筑行业行为更加规范。

4. 有利于控制工程投资和管理风险

投标企业为了能得到工程项目，通过提高施工技术、优化施工组织设计等措施来减少成本，降低投标报价，从而使工程项目的造价更加合理化，更加符合价值基础，从而降低工程造价；同时通过招投标，供需双方可以更好地相互选择，选取到适应性最强的合作伙伴，为后续各项工作的顺利完成做出一定保证，有效控制建设工程的管理风险。

第二节 高校招投标管理面临的挑战

基本建设工程中招投标管理的优劣是直接影响施工质量高低的重要因素之一，在工程项目管理过程中发挥着巨大作用。虽然我国建筑工程项目在招投标管理方面经过多年的改革和探索，已经取得了很好的成绩，对高校的基本建设管理发挥了积极作用，但也面临诸多问题：如何将严格执行国家招投标制度和学校的实际情况结合，构建合理、完善、规范的招投标管理制度以防止招投标乱象的发生，保证招投标过程的公平、公开、公正；如何通过有效的招投标管理来提高的资金使用效益，为高校的健康发展提供保障等，因此目前高校招投标管理仍面临着问题和挑战。

一、制度落实不到位

部分高校基本建设机构不健全，没有设置专门的招投标管理部门，把相关职能放在基建管理部门，致使人员配备不足或专业人员不够，也没有完善的招投标管理制度，缺少内部招标业务流程控制制度，缺少审核与监督，存在法律法规执行不到位，一人多岗，未做到"分事行权、分岗设权、分级授权"，招标资料归档不及时，保管不到位而造成档案遗失等问题，难以对建设项目进行精准管理；部分高校虽然成立了专门的招投标组织机构，也有相应的招投标管理制度，但制度落实不到位，未严格执行招投标管理制度，对招标程序和招标文件编制等方面把控不严格，过于重视行政监督，忽视了法律监督，导致出现没有严格按规定程序办事，招标过程不符合规范，甚至是违规违纪现象。

二、对招投标过程管理重视不足

招投标任何一个环节出现问题都可能对招投标的公开公正公平造成影响，学校的招投标管理部门对招投标的各个环节重视不够，没有对其实施流程进行有效管理，往往对工程项目的实施造成严重影响。

（一）招标准备不充分

由于高校基建的特殊性，往往对进度要求很高，有些高校为了工期等原因，急匆匆地对项目设计、清单和招标文件进行编制，缺乏详细的研究和分析，时常发生设计考虑不周全、招标清单错项、漏项或招标文件不严谨等诸多问题，以至于在招投标完成后，合同实施期再来修改完善，致使出现费用大大超出原有的概预算以及招投标总价的情况，这将会给学校带来资金方面的风险。

如某高校暑期需要将学生食堂房屋顶由普通阳光板顶棚换成玻璃顶棚，该项工程通过招投标方式向社会公开进行。工程招标控制价为52.5万，工期2个月。经过招投标，某单位以次低价 41.3 万中标。由于在招标前没有认真对现场、图纸等进行仔细研究，导致在签订施工合同时，招标单位提出要将顶棚玻璃换成双层夹胶玻璃，中标单位则提出如果这样，预算成本必定上升，要求合同价格提升 15%。施工过程中，由于顶棚材料换成双层夹胶玻璃，整体重量增加，可能会导致支撑部分失稳，于是基础支撑部分必须同时改造，这样又追加投资近 10 万元。而因基础支撑部分进行了改造，地基部分也随之改造，导致该工程成本进一步增加。基础支撑部分、地基部分的改造，又使得工期拖延，中标单位要求补偿。最后，该项工程工期延迟 1.5 个月，总花费了 78.6 万元[①]。

（二）对招标文件内容审核不到位

部分高校由于人员的专业不足，不熟悉业务或流程，对代理机构起草的招标文件内容审核不到位，没有严格按规定对招标文件进行把关，没有把学校对该项目的具体要求在招标文件中体现完整，没有对开标程序进行管控，认为这些工作是招标代理的事，以致很多招标代理公司暗箱操作。

同时清单和控制价是招标文件的重要部分，涉及工程量和造价，如果出现遗漏或描述错误会直接影响招标结果和后期实施的风险，部分高校在清单编制过程中没有认真审核，觉得只要是造价咨询机构出的签字盖章的招标清单和控制价就没什么问题，即使有问题那也是咨询机构的问题，但国家清单计价规范和相关法规明确规定"招标控制价和清单由招标人负责"，如果招标控制价和清单出现问题，最后还是要由招标人承担相应的责任。

（三）未对投标书进行复核

一些高校对评标结果不及时核实，认为只要专家评完就行，在评标结束后，没有及时复核承包单位所涉及的招投标书是否合理等情况，如果出现中标单位有恶意低价和严重不平衡报价，将会引发的低价中标高价结算，造成项目投资失控。

如：××高校招标一个含有专业暂估项的工程，本该在专业暂估项中明确暂估项的数量和金额，但在清单导出中出现有该项目但没有具体金额，该项目接近项目总价的 8%，投标单位故意没填写该项目的金额，把其他后期可能会发生变更的项目单价上提至少 20%。在评标时专家也未发现这一问题，这个单位

---

① 罗银安. 案例分析工程招投标过程中的不规范行为[J]. 北方经贸，2013（03）：123+129.

中标后造成工程造价增加及合同纠纷。

三、化整为零规避招标

在高校基本建设招投标中，有些学校和个人为了能够方便操作，获得更多的利益，不顾国家法律法规及学校制定的招投标管理规定，将一些本可以一次招标完成的工程项目分解成为数个小额工程项目，实行直接委托，从而达到规避招标的目的。

如在某高校招投标管理办法中规定：凡是20万以上的基本建设项目需要委托校外招标代理机构实施招投标，10万至20万以内的基本建设项目则由校内招标办实施招投标，10万以下的基本项目可以由部门自主组织实施招投标。×××高校改造项目中含有4个小项目，总费用40多万，该高校部门领导为了自身利益，将该项目分解成4个小项目，保证每个小项目的投资在10万至20万，由此在校内实施了招标程序，美其名曰为了方便招施工单位，但实际是高校领导有意肢解、缩小工程规模以规避招标。

又如某高校建设工程项目，其项目土建工程施工总承包招标中标为6 000万元人民币，其中供材部分在土建施工总承包招标时，均以暂估价进入招标工程量清单，建设过程中涉及一种暂估价的建筑材料，其暂估价为56万元（人民币），而拟采购时的市场估算价约为20万元（人民币），从而以此认为该项目为小标的额工程货物采购，不需要公开招标了，可以直接由学校内部自主进行采购招标。

还有些高校以时间紧迫为由规避招标，将项目转变为"应急工程""形象工程"等重点项目，经由学校集体决策作为理由规避招标直接委托；还有部分高校将本应该一次性报批的工程项目按年度资金计划分阶段报批，层层分解获利；甚至有些高校只申报项目主体，对配套项目及其他专业项目并不按建设程序报批。

四、串通招投标现象仍存在

在招投标过程中，有些投标单位不遵守相关法律法规，为了中标与其他参与投标单位串通，破坏正常的招投标秩序，获取不正当利益。2019年修订的《中华人民共和国招标投标法实施条例》第四十条对投标人相互串通投标有明确说明：

（1）不同投标人的投标文件由同一单位或者个人编制；

（2）不同投标人委托同一单位或者个人办理投标事宜；

（3）不同投标人的投标文件载明的项目管理成员为同一人；

（4）不同投标人的投标文件异常一致或者投标报价呈规律性差异；

（5）不同投标人的投标文件相互混装；

（6）不同投标人的投标保证金从同一单位或者个人的账户转出。

还有一些学校内部的某些工作人员与投标人串通，以获取不正当利益。2019年修订的《中华人民共和国招标投标法实施条例》第四十一条对招标人与投标人串通投标也有详细说明：

（1）招标人在开标前开启投标文件并将有关信息泄露给其他投标人；

（2）招标人直接或者间接向投标人泄露标底、评标委员会成员等信息；

（3）招标人明示或者暗示投标人压低或者抬高投标报价；

（4）招标人授意投标人撤换、修改投标文件；

（5）招标人明示或者暗示投标人为特定投标人中标提供方便；

（6）招标人与投标人为谋求特定投标人中标而采取的其他串通行为。

串通投标也将受到法律的制裁，国家《刑法》第二百二十三条规定："串通投标罪"是指"投标人相互串通投标报价，损害招标人或者其他投标人利益，情节严重的，处三年以下有期徒刑或者拘役，并处或者单处罚金。投标人与招标人串通投标，损害国家、集体、公民的合法利益的，依照前款的规定处罚"。

五、"围标"与"陪标"现象时有发生

"围标"是指几个投标人之间相互约定，一致抬高或压低投标报价进行投标，通过限制竞争，排挤其他投标人，使某个利益相关者中标，从而谋取利益的手段和行为。围标是建设行业市场的问题行为，严重违反了投标的公平择优原则，与投标的目的背道而驰，不仅破坏了建设行业市场的良好秩序，而且对于业主而言，除了增加基本建设项目的成本以外，还造成了不必要的损失。

"陪标"是指在投标过程中，一些缺乏相关行业资质的企业或个人，为了增加投标的中标率，会通过非法手段试图依靠一些具备相关资质证书的相关公司参加投标，以提高投标机会，并以不同的公司的名义进行投标承包相关工程任务。对于一个标段，表面上的投标主体是不同的公司，各个标书内容和形式都不同，但实际老板都是同一人。一些缺乏竞争力或亏损的企业，在利益的驱动

下，不得不选择陪标，从而获取利润获得生存[1]。

第三节 公开招投标工作的精细化管理

《招标投标法》《政府采购法》和《必须招标的工程项目规定》（国家发展改革委令第 16 号）明确了必须招标的工程项目的具体范围和规模标准："全部或者部分使用国有资金投资或者国家融资的项目包括：使用预算资金 200 万元人民币以上，并且该资金占投资额 10%以上的项目；使用国有企业事业单位资金，并且该资金占控股或者主导地位的项目""使用国际组织或者外国政府贷款、援助资金的项目包括：使用世界银行、亚洲开发银行等国际组织贷款、援助资金的项目；使用外国政府及其机构贷款、援助资金的项目""其勘察、设计、施工、监理以及与工程建设有关的重要设备、材料等的采购达到下列标准之一的，必须招标：施工单项合同估算价在 400 万元人民币以上；重要设备、材料等货物的采购，单项合同估算价在 200 万元人民币以上；勘察、设计、监理等服务的采购，单项合同估算价在 100 万元人民币以上。同一项目中可以合并进行的勘察、设计、施工、监理以及与工程建设有关的重要设备、材料等的采购，合同估算价合计达到前款规定标准的，必须招标"。对于高校的建设资金的来源，建设项目基本上都是需要招标的，在这个限额上的建设项目的工程和相关服务按招投标法规定实施公开招投标。其管理必须依据国家法律法规规定的相关规定和程序执行外，还需对这个招投标过程进行进一步的精细化管理，管理环节从招标策划到竣工结算延伸，管理对象要涵盖自身、招标代理、造价咨询、勘察设计等主体单位或人员，管理重心要从事后处置向源头管理前移，才能保证招投标工作合法合规，公开、公平、公正。

一、建立招投标决策机制

高校招标工作应实行"统一领导、集中管理、分类归口、规范实施"的原则。高校内成立学校招标工作委员会，招标工作委员会对学校招标工作实施统一领导，学校招标工作委员会由分管副校长任主任，其他副校长任副主任，成

---

[1] 王建明. 建设工程招投标管理存在的问题及对策分析[J]. 居舍，2020（03）：145

员主要由各相关部门主要负责人组成。根据基本建设项目的专业性质成立若干个专业工作组，各专业工作组由相关业务部门牵头。学校招标工作委员会办公室对各专业工作组提出的招投标申请书进行形式审查，并报相关校领导审批后进行备案。学校监察审计部门受理采购与招标工作中的有关质疑和投诉。

招标工作委员会的主要职责有：严格执行国家、省、市政府采购管理办法、招投标管理办法及相关文件规定；对招标文件的审核、报批程序，招标纪律和保密要求等招标工作的各个环节进行详细规定；对学校招标活动进行领导和管理，审阅招标项目的招标范围、招标方式、招标文件、招标合同；对招标工作中的重大事项进行初步审核等。制定学校的招标管理办法，对于招标文件等重大问题经招标工作委员会初步审核后，必须报学校校务会或党委会审定，同时要重视招标各环节的监督，对招标过程中出现的违法违规行为要及时处理，并按国家相关规定上报政府主管部门。

二、提出可行的招标方案

任何单位和个人都无权违反招标规定组织招投标活动、高校在招标过程中必须严格检查拟招标项目是否达到法律法规规定的招标条件，了解国家和地方的相关政策法规，对建筑行业市场情况、技术要求和学校的实际情况等方面进行全方位的调查了解，对整个招标过程的时间计划、招标文件格式、公告发布地点、时间、标段划分、技术指标、设计图纸的完整情况、参与人员及各部分的责任人和工作要求等都要认真研究，做出合理可行的详细招标方案。严禁化整为零违规招标和以"应急工程""形象工程"等重点任务为由规避招标等违法行为的出现。

三、谨慎选择招标代理

根据《招标投标法》和《政府采购法》规定，大部分项目都要委托招标代理机构进行招标实施工作，，现招标代理机构层次高低不一，有些单位从业人员素质不高，无视职业道德，受利益的驱使，采取违法违规操作。我国《招标投标法》第十二条规定，"招标人有权自行选择招标代理机构，委托其办理招标事宜。任何单位和个人不得以任何方式为招标人指定招标代理机构。"各地方也对招标代理的选择做了相应规定，高校在选择招标代理时可以通过第三方软件、市场调查和咨询行业专家以及政府主管部门，重点调查核实招标代理机构的主要负责人及关联单位的业绩、行业信誉度及社会影响，是否存在违法违纪行为等。制定一个包括招标代理机构的资本实力、专业人员的数量和水平、对招标和采购相关政策法规的理解程度和招标采购项目管理经验，企业的信用评分等内容的量化评分系统，对招标代理单位进行定量评价评分，把招标代理权交给得分最高的代理单位。

四、完善勘察、设计文件

勘察、设计文件是工程实施的基础工作，其质量直接影响工程的质量、造价，因此，在相关工作完成后，需要及时组织招投标管理人员、施工管理人员、合同管理人员、纪检人员、勘察设计单位、招标代理机构、造价咨询单位、监理单位等，共同依据国家法律法规和项目的现场情况对勘察、设计文件进行讨论，对勘察设计文件的完整性、科学性，进行修改、补充完善。对于规模大或技术较复杂或学校专业能力较为薄弱的可以委托有合作关系的第三方设计院，对造价、图纸合理性及是否具有可优化性提出具体可行的意见，从而节约造价成本和最大限度的优化设计，以达到学校的意愿。

五、仔细审核工程量清单和控制价

工程量清单和招标控制价的编制是招标工作的主要环节，编制的水平高低直接将影响工程质量、造价和施工期间的工程管理。现阶段，大部分高校基本建设管理中一般由基本建设管理部门委托相关单位实施，缺乏对其进一步核实的环节。高校应该监督好造价咨询单位在统一的编制要求下进行编制，在相关单位将工程量清单和招标控制价编制完成后，由审计部门按照同样的清单编制要求再委托造价过程控制单位（与原编制单位不是一家）背对背编制招标控制价及工程量清单，由高校基本建设管理部门牵头两家造价咨询公司对控制价进行核对、修改、完善，重点对清单中工程量、清单单价、项目特征的描述和项目类别准确度进行复核，然后组织相关单位和专家对重要材料、专业工程的市场价格、规格型号、质量档次等情况进行调查，确定合适的内容和价格。同时还要对整个清单的完整性进行检查，清单一定要完整、前后一致。

在××学校河岸工程招标清单说明描述就很全面，有利于学校控制施工单位调整措施费用：

10.4 措施项目清单

工程量清单中的措施项目清单（一）、（二）是指：为完成工程项目施工，发生于施工前、施工中设计变更及现场签证等引起的工程量增加或减少及新增项目等过程中的技术、生活、安全等方面的非实体项目的清单，投标人应根据招标人提供的施工图、地勘资料、现场踏勘的情况、施工组织设计的措施方案和企业自身的情况，并应充分考虑到本工程工期、质量要求等因素，精心组织施工等所有措施费用，投标人不得低于成本报价且在施工过程中也不得以各种理由要求增加措施费。招标人根据该项目的措施内容分别按措施项目清单计价表（一）及措施项目清单计价表（二）列出，其中措施项目清单计价表（一）中除"环境保护""安全施工费""文明施工费""临时设施费"外，其余措施内容均按"项"计价，在招标实施范围内包干计取，当招标实施范围发生变化，直接导致措施清单对应措施费变化的，结算时按承包人措施费报价作同比例增减。

10.4.1 措施项目清单计价表（一）

10.4.1.1 措施（一）中"环境保护"、行填报，结算时按合同约定进行结算（安全文明施工费计算基数中的定额人工费按2009定额计取）。

10.4.1.2 措施（一）中除"环境保护""安全施工费""安全施工费""文明施工费""临时设施费"，投标人按招标人给定的暂定费率进"文明施工费""临时设施费"以外的措施费用项目，招标人给出了一些通用措施项目，投标人可依据现场实际情况、企业自身情况及本次投标的施工组织设计自行增减措施项目，投标人在投标报价中对投标施工组织设计涉及的措施项目未增减或招标人列出的措施项目未填报的，其费用视作已包含在其他报价中。投标人中标后因自身原因再次编制的施工组织设计可以增减措施内容，但需经相关部门审查后方可实施，但不得因增加措施而调整措施费用。

10.4.1.3 投标人须结合现场实际情况自行考虑夏季高温、冬季雨季施工、排水、排污、夜间施工费、二次搬运费等措施费，中标后不做任何调整，也不另行签证。

10.4.1.4 大型机械设备进出场费及大型机械设备安装、拆除费（含安装所需基础）是指除施工过程中所包含的所有机械设备：如挖方工程机械、水平运输机械等。由投标人按"项"报价，包干使用，不做任何调整。

10.4.1.5 为保证正常安全施工而发生的降、排水费用由投标人结合现场踏勘情况及自己拟定的施工方案在措施费清单（一）中自行报价。降、排水费包含降低地下水和排除地面水费用。

10.4.1.6 临时输电、输水管线及用水用电接入费,详见招标文件的专用条款。

10.4.1.7 中标人应负责施工现场用水用电的使用、维护,且在施工期间中标人应定期到有关部门足额缴纳费用,因中标人原因未按时缴纳相关费用而导致的滞纳金、罚款等均由中标人负担。

10.4.1.8 施工现场形象标志搭设应按招标人相关现场管理规定执行,费用已包含在措施费用中。

10.4.1.9 投标人在投标报价时须充分结合施工现场实际情况。同时充分考虑招标人、相关管理部门对安全文明施工相关规定要求,所产生的各项措施费用应打足报价,中标后不做任何调整,也不另行签证。

六、严格审核招标文件

整个招标过程中招标文件起着至关重要的作用,它既是投标人编制投标文件和参加投标的依据,也是评标委员会评审的依据,同时也是学校与中标单位签订施工合同的基础。因此,高校能否编制出完整、严谨、科学的招标文件,直接影响着招标的质量和结果的好坏。对于招标代理单位起草的招标文件,高校组织招投标管理人员、施工管理人员、合同管理人员、纪检人员、招标代理机构、造价咨询单位、监理单位共同重点对以下问题进行细致审核进行讨论,对其修改、完善后报学校校务会(党委会)审定。

(一)招标文件的编写是否按照要求

无论是编写内容还是编写方法等都要遵守国家法律法规要求,要完整、全面、合理、系统表达招标要求,易于投标单位编制投标报价。真实反映业主合法合规的要求和项目建设的客观规律和内在要求,正确约定招标范围、工程工期,合理确定价格调整方法。在编制招标文件前要周密考虑,对方方面面可能的因素都要考虑,既要满足学校的需求,也需要站在投标人和评标专家的角度去思考,尽量使招标文件容易理解,让所有潜在投标人都能读懂,准确理解学校的招标意图,以便于投标人编制投标文件。

在招标文件中要正确设定投标人资质条件、投标人类似业绩、能力和信誉,不得以不合理的地域条件限制或者排斥潜在投标人,不得对潜在投标人实行歧视待遇。如有的项目招标文件出现对建筑企业投标人的资格需求不符合《建筑业企业资质标准》,项目负责人的要求不符合《注册建造师执业工程规模标准》

等；如某市政道路工程施工项目《技术标评审表》中出现"房建业绩证明材料"字样，此工程为市政公用工程，文件编制人员套用相关模板忘记修改，导致评标过程中在评标委员会引发争议；又如："类似工程监理业绩"系指近5年内单项人防工程总建筑面积在5000 m^2 及以上施工监理业绩，需要同时提供合同及竣工验收证明。此句话中需要明确两个问题：一是"近5年"应明确是指自投标截止时间还是公告挂网时间起向前追溯5年；二是需要明确以合同签订时间还是竣工验收时间为基准。禁止使用有歧义的语言，防止投标人出现理解上的误差，防止造成评标委员会评标时难以准确判断[①]。

对于项目的技术和验收标准要按现行的具有时效性的国家、地方、行业工程建设标准设置的技术规范且能满足本项目的要求。在《工程建设项目货物招标投标办法》中第二十五条也明确规定"招标文件规定的各项技术规格应当符合国家技术法规的规定。招标文件中规定的各项技术规格均不得要求或标明某一特定的专利技术、商标、名称、设计、原产地或供应者等，不得含有倾向或者排斥潜在投标人的其他内容。如果必须引用某一供应者的技术规格才能准确或清楚地说明拟招标货物的技术规格时，则应当在参照后面加上'或相当于'的字样"。

正确确定评标办法，特别是对低于成本报价的评审办法，防止严重不平衡报价。在一些项目招标过程中，在招标文件中明确品种、规格、质量档次等必需信息，在对技术标准的描述中是不能指定某一品牌档次，但不约束投标人的品牌档次的话，中标单位可能会为了中标而对几项材料价格报很低的价格，而对其他可能变更的项目报高价以至于不能满足实际管理者想要达到的装修效果，如想提高产品档次就只能变更材料，这就加大了管理者控制造价的难度，在招标文件中可以要求投标单位在投标时就明确使用材料的品牌质量档次等内容。同时评分标准中还要有限制投标人采取不平衡报价的策略内容，如投标单价与招标控制价偏离过大时，将被视为严重不平衡报价，其投标文件将被扣分甚至废除等。在××学校政府采购×××工程项目施工单位投标时采用了严重的不平衡报价，而政府采购项目评审过程中专家未发现不平衡报价，仅仅根据政府采购文件对是否低于成本等内容进行评审，没有注意施工单位的投标报价是否合理，导致后期施工和结算产生争议。

（二）招标文件的主要内容是否完整

仔细审核招标文件中是否具备以下内容：

---

① 宋太凤. 浅谈建设工程招标文件的编制[J]. 安徽建筑，2016，23（03）：318-319.

投标人须知，工程概况，必要的设计图纸、效果图和地勘等资料，工程量清单及清单编制说明，工程款的支付方式，主要材料与设备的报样方式，投标文件格式及要求，评标标准和办法，合同的主要条款，其他需要说的事项，等等。

（三）招标文件内容描述是否准确、清楚

编制招标文件的内容要前后一致，要与招标公告一致，不能超越招标公告的范围，合同条款的编制要实事求是、合规合法，文字表述要准确、规范，必须符合逻辑性要求和用词的严谨、准确，各项目详细的技术参数描述要准确，避免使用含义模糊或容易产生歧义的词语，不允许用"大概""大约"等无法确定和表达上含糊不清的词语，少用或不用形容词。

七、及时复核评标结果

对评标结果进行复核在招标过程中是一项重要工作，但在实际工作中往往出现高校方认为已由专家评定了不需要复核，而导致在工程实施过程中出现许多纠纷，使高校陷入被动状态。高校在进行复核时应该要做到以下四点：

1. 及时对评标报告的完整性进行核对检查

检查评标报告的投标文件签收表、投标文件密封情况检查确认表、开标记录、评标专家抽取条件表、评标专家回避表、评标专家抽取结果记录表、形式评审一览表、资格评审一览表、响应性评审一览表、施工组织设计评审一览表、经评审的投标人排序表、推荐的中标候选人名单、澄清说明补正事项纪要、评标报告签字等内容是否完整。

2. 及时对评标委员会评标行为进行审核

核对评标委员会是否依据招标文件规定的评标标准和方法进行评审，不得在招标文件规定的评标方法外另行增加条件。核对是否存在明显的错误或显失公平的情况，特别是要对第一中标候选人的投标报价是否存在算术性错误（包括无意的或故意的）进行认真复核，要对被废标的投标人的废标理由进行认真复核。如果发现评标委员会使用了招标文件中没有规定的标准和方法作为评标的依据或在招标文件规定的评标方法外另行增加条件，或存在明显错误或显失公平且影响中标结果的情形的，应及时将发现的问题书面通报相关监督部门，由相关部门依法处理。

3. 及时检查核对中标候选人的履约能力

检查核对中标候选人的经营、财务状况是否发生变化或者存在违法行为，如认为可能影响其履约能力的，应当在发出中标通知前书面告知相应行政监督部门，并申请对中标候选人进行履约能力审查。

4. 及时对招投标清单进行复核

检查核对投标清单是否有漏项、不平衡报价、理解偏差等情况。确实有严重影响投标结果的要立即报相关部门废除投标；对于不影响中标结果的但影响后期施工管控的必须在签订合同前跟施工单位进行洽谈，防止后期发生严重超预算的情况。

如：某高校教学楼工程，采用工程量清单计价，单价合同，波纹管 DN400，招标控制价是按 900 元每米的价格暂估的，结果某投标人报价时按招标人给出的价格报，但没有报暂估价，实际施工时该波纹管价格只有 200 元每米，相差近 4 倍多，而该分部分项工程的总价仍为按照 900 元计算出来的价格，评标委员会评审时并未发现这一实质错误。结算时投标人坚持采用 900 元结算，发承包双方对此产生争议。

及时对招投标清单进行复核，可利用软件（企业清单）对中标单位的报价和招标控制价进行清标，对分部分项清单、措施项清单等进行单价、工程量等进行的对比分析，节约人力和时间。利用软件能够快捷掌握投标单位的不平衡报价情况，为后期合同签订和管理打下基础。（如图 6-1 所示）

图 6-1　企业清单软件中进行对比分析

在××学校×××工程项目，该项目在中标后清标过程中发现原施工单位投标报价中 C25 混凝土基层报价每平方米 570.39 元，控制价单价每平方米为 171.21 元，该项投标报价为严重不平衡报价，涉及金额约为 26 万元，占合同金额的 17.9%，后及时进行处理，避免了施工后期纠纷。

八、及时总结评估

在每次招标完成后要对招标控制价和招标清单的项目特征项进行汇总，提取优秀的模板类的项目特征描述，保存在项目特征描述库中作为标准描述；及时对本次在招标过程中的经验教训进行分析总结，找出问题根源，为下次招标提供参考；及时总结已完工项目后期结算的情况并结合新项目的具体情况综合分析用哪种清单项更适合该项目，以改进下一次招投标工作。如在某高校装修项目中的设计说明只表述是地板砖，在编制清单时就明确写明是抛光砖，同时写明尺寸、厚度及颜色等；项目特征项中根据大样图写明材质、做法间距等内容，避免了后期施工中扯皮现象，如图 6-2 所示。

编码	名称	项目特征	单位
∨ 1	精装修工程		
∨	财务、办公		
011102003001	抛光砖 600*600*12 米黄色	1.地砖地面，干水泥擦缝 2.撒素水泥面，撒适量清水 3.10厚DSM15干硬性水泥砂浆结合层 4.30厚DS M20水泥砂浆找平层 5.刷素水泥浆一道（掺8%108胶）	m2
011302001204	铝扣板吊顶 600*600*1.0 白色	1.轻钢龙骨铝扣板吊顶（A级不燃性）2.轻钢龙骨 3.Φ8钢筋吊顶，双向吊点中距600，与角钢焊接 4.Φ10膨胀	m2

图 6-2 某高校装修材料清单

第四节 校内招投标项目的精细化管理

在高校基本建设项目中，除了国家要求公开招标和政府采购的外，也有很大一部项目需要高校自己确定项目相关实施单位，这类项目大多是维修、维护，虽然单位造价不高，但数量多，有的时间要求很紧，有的只能利用假期实施，对这类项目进行有效精细化管理，对高校基本建设管理有着重要意义，也是对一个学校的内部管理水平的考验。

一、做好校内招标工作规划

根据校园建设的实际情况，要在头年做好下年或下半年的校园维修维护和小型新建项目的实施计划，包括实施工程内容、概算、进度安排及实施的相关配套要求，做到有的放矢。然后对各项目进行合理分类，如对于设计、监理和过程控制等单位的选择上，可以每年招一家，也可以招几个单位，进行几年的合作，对项目采取择优选择实施单位，这样就可以避免由于项目小而没有设计、监理和过程控制等单位参加，或即使参加他们积极性也不高的问题；对于施工单位的选择，视工程量的大小，把实施地点和内容相近的归为一类或把这个学校的实施内容和结算方式相近的归为一类，按类别进行招标；对于学校的日常不可预见性的零星小维修、应急抢险等可以采取招一个或几个施工单位，约好结算方式，工程量按时收方，这样有利于学校的日常管理。

二、科学制定招标方案

招标方式界限划分得是否合理，直接影响工作的效率和积极性的高低，各高校要根据实际情况和项目的特征、性质，采用不同的招标方式：

对工程造价小、实施简单的，宜采用项目管理部门在约定工程结算方式下自行确定实施单位；

对项目实施单位来源较少或单一的，在事先了解市场行情的前提下，采用直接谈判方式确定；

对项目工程造价较大，具有竞争力的项目就宜采用校内公开招标；对日常维修的项目，工作项目单一、质量简单可控的，经常发生的、造价明确的，可按年度进行汇总，并可以采用模拟清单的总价控制的全费用综合单价方式进行招标。部分高校是这样规定的（各高校由于各自的实际情况而规定不同）：

（1）采购预算在400万元人民币（含）以上的工程项目、100万元人民币（含）以上的服务项目，原则上采用公开招标方式采购，由招投标管理办公室委托招标代理机构组织实施。

（2）采购预算在20万（含）~400万元之间的工程项目，20万~100万元之间的服务项目，由招投标管理办公室委托招标代理机构实施采购，采购方式包括公开招标、邀请招标、竞争性磋商、竞争性谈判、单一来源及询价采购。

（3）采购预算金额在10万（含）~20万元之间的，由招投标管理办公室与各单位共同组织商务谈判、询价等方式购置。

（4）采购单价或批量金额在10万元以下的，校部机关及后勤保障单位工程服务类购置工作由招投标管理办公室通过协议供货、询价等方式组织购置。

三、科学约定项目造价结算方式

高校自行招投标确定实施单位的项目，大多数造价低、工程内容多而杂，不能采用单一的结算方式，要根据项目的实际情况确定：

对项目内容单一、质量控制简单、造价明确的宜采用包干价方式（总价合同）；

对工程内容多，具有可变因素，项目单价易于计算，就宜采用约定结算方式，工程量按实计算；

对工程内容多、项目单价多而不好提前把握的就宜采用清单方式报价（单价合同）和结算；

抢险等项目可以采用成本加酬金的方式结算。

四、加强招标过程管理

制定校内招标方案是校内组织招标的重要环节，一方面招标文件的制定、评标方式等要参照公开招投标方式进行，另一方面发布招标信息要尽量选用大的媒体，公开发布信息，不能仅仅在学校网站上发布；同时要加强评标管理，高校在基本建设监察审计部门组织校内有专业知识的人员，或邀请社会评标专家建立评标专家库，随机抽取专家，由高校基本建设管理部门组织评标，评标完成后，相关单位将专家委员会推荐的中标候选人情况汇总、核实报价等，将结果报学校校务会确定中标单位并予以公示。监察审计部门全程参与监督，发现问题及时处理。

五、建立项目实施单位数据库

建立学校建设管理数据库，把信誉好的施工单位、设计单位、监理单位集中归类管理，对在校内进行项目实施的单位和项目经理进行评估，把工程进度、质量、造价控制好，信誉好的单位纳入管理系统，在以后项目实施过程中，可以直接委托或在同等情况下优先考虑，这样有利于提高工作效率和项目质量控制；把信誉差、项目实施管理不到位，造成损失和不良影响详细记录到数据库中，下次招标时就可以重点关注，同时也可以上报政府主管部门。

第七章
建设项目合同的精细化管理

合同是建设项目各方关系的枢纽，贯穿于工程建设的全过程。合同管理在基建管理中占有极其重要的地位，任何建设工程项目都是以签订系列相关合同为前提进行的，对合同管理不重视就会失去对工程质量、安全、进度、投资、造价的有效管理，更谈不上对工作沟通、工程风险等进行综合控制。

第一节 基本建设合同管理

一、基本建设合同管理的概念

(一) 合 同

市场经济的本质是契约经济，而合同是市场经济的产物，也是市场主体进行交易的依据，其本质在于规范市场交易、节约交易费用。《中华人民共和国合同法》第 2 条规定：合同是平等主体的自然人、法人、其他组织之间设立、变更、终止民事权利义务关系的协议。

广义上的合同是指"具有法律效力的协议"，如民法上的民事合同、行政法上的行政合同、劳动法上的劳动合同、国际法上的国际合同等。狭义上的合同是指"一切民事合同或民法合同"。[①]基本建设工程合同是经济合同的一种，它是工程在承包单位按约定建成之后，发包单位在工程验收之后支付报酬的合同，它确定了基本建设工程的资金、质量、工期、安全等内容的目标要求，明确了当事人各方的权利、义务以及责任。根据它签订的不同情况有以下几个分类：

---

① 付志勇. 做好高校基建合同管理工作的思科[J]. 时代金融，2013（02）：48+52.

（1）按其建设任务性质分为：勘察合同、设计合同、建筑合同、安装合同。

（2）按承包方式分为：总包合同、分包合同。

（3）按工程实际情况确定合同方式分为：固定总价合同、固定单价合同、成本加酬金合同。

（二）合同管理

合同管理就是对合同签订和执行的管理，它贯穿于基本建设工程实施的整个过程，是利用技术、经济与法律进行管理的一种手段，是对整个建设项目实施控制和保证的基本手段，是基本建设工程管理过程中非常重要的内容之一。

二、高校基本建设合同管理原则

高校的基本建设有着自身的特点，建设项目的合同管理过程中须遵循以下原则：

1. 平等自愿原则

合同的当事人在法律法规允许的范围内，根据自愿签立合同。当事人有选择合同对象、条款内容、签订时间和依法变更、解除合同的权利。

2. 合法原则

合同的当事人要合法地签立、履行合同，同时合同内容和形式也要符合法律法规的规定，不能损害社会公共利益，妨害社会经济秩序。

3. 公平原则

合同双方要秉承公平原则确立各自的权利和义务，按照公平的理念履行合同的一系列程序和规定。

4. 诚实守信原则

实事求是地表达签订合同的要求、条件及履行能力，完整、真实地表达自己的意愿，不可隐瞒，不可欺诈，要顾及对方的实际困难和权益，善意确立双方权利和义务。①

---

① 黎迪斯. 浅谈新形式下高校基建合同的管理[J]. 法制与社会，2012(13)，192-193.

三、高校基本建设合同管理的特点

基本建设合同管理除了具有一般合同的合法性、平等互利性、约束性和规范性的特点外，还具有以下特点：

1. 合同生命周期长

基本建设工程每一个项目都有一个寿命周期，包括招标投标文件、施工设计图纸、清单等内容，从工程开始到交付使用及保修结束，合同都伴随其中，各项工作必须在这段时间内持续履行合约，这个过程就是合同全寿命周期。

合同管理就在项目建设期间持续不断地进行，它包括从建设前期、项目招投标、合同谈判、施工期以及保修期的所有时间周期，因此一般至少在1~2年间，时间长的可达5年及以上。

2. 对工程项目经济效益影响大

高校基本建设工程一般都具有较大规模，合同价格高，有效的合同管理对经济效益的影响很大。因此在实施基本建设工程的过程中，要求所有基建管理相关的工作人员都必须对合同管理重视起来，确保对整个施工周期进行科学有效的合同管理，才能对建设过程进行全面的控制和监督，保障整个建设项目的顺利完成，避免产生纠纷或造成损失，确保建设目标的实现。根据统计，对于一般基本建设工程来说，合同管理的优劣对经济效益产生的影响之差可达到整个建设工程造价的20%。

3. 工程合同管理工作极为复杂

高校基本建设工程一般，结构较复杂，对技术和质量的标准要求较高，也就对高校合同管理工作的技术和水平都提出了较高的要求。

随着社会的发展和国家政策的调整，高校基本建设资金来源渠道越来越多样化，出现了许多新的融资方式和承包方式，也使得高校基建的合同关系和合同条件更加复杂；在基本建设的实施过程中，参与基本工程建设项目的单位和协作单位也较多，可能涉及几家甚至十几家，合同的种类也不同。因此在高校基建管理过程中涉及的合同非常多，只有对它们进行更加科学、细致的管理和监督，才能确保建设项目的有序进行，回避风险。

4. 合同管理风险大

高校基本建设项目的复杂性，全社会法律意识的增强，使合同关系越来越复杂、合同条件越来越多、合同实施过程愈加细致，要想完整地履行一个合同，必须要完成多个相关的合同事件；同时由于基本建设工程一般都有一定的实施周期，需要较长的时间，参与项目实施的单位和部门较多，涉及的人员也多而复杂，而且社会环境复杂多变，使得合同管理受内、外因素的影响较大，导致在合同管理过程中就会有许多因素难以控制，管理风险大，一不小心就会造成经济损失，影响项目的正常实施。高校在进行合同管理的过程中需要基于项目实施的具体情况实时、有效、依法协调处理合同内容，降低风险，确保对其进行更为有效的管理，从而保障工程建设的有序性。

四、高校基本建设合同管理重要性

建设市场主体之间相互的权利、义务关系主要是通过合同确立的，高校基本建设合同也是建设工程进行质量控制、进度控制、投资控制的主要依据，加强合同管理有利于控制基本建设项目的成本、质量、进度与安全，有利于加强对基本建设项目的管理与监督，提高建设的经济效益，也对稳定合同主体间的合作关系，保护建设市场主体之间的合法权益具有十分重要的意义。

近年来，我国经济的高速发展，建筑新技术越来越多而精，社会分工越来越细，越来越专业，高校建筑工程项目管理的内容也越来越复杂。为了有效地化解高校基本建设中的矛盾与分歧，保障工程项目的顺利实施，提高工程项目的投资效益，合同的管理精细化要求越来越高，合同精细化管理的重要性体现在以下两个方面：

1. 有利于规范各方行为

合同精细化管理是工程管理的核心，合同作为建设市场主体之间明确各自权利义务关系的重要法律文书，是保障各方权益的基准性文件，是保护合同当事人的合法权益、维护社会经济秩序的重要保障。合同文件中有关各方权利义务的规定条款是合同得以按部就班顺利履行的基础，合同主体间签订好合同文件后，必须按合同办事、按规定办事，自觉履行合同规定的权利和义务，保障项目的有序进行。近年来，建筑业也发生了巨大变革，我国高校快速发展，基本建设项目逐年增多，规模增大，面临众多的参与者与瞬息万变建设环境，可能会有各种突发状况发生。只有在基建管理中从签订合同到执行合同都做到依法精细化管理，才能有效规范基建项目参与各方的行为，使其积极按合同履行责任和获得权益，应该履行的责任和获得的权益，才能实现基建工程项目的有效管理。

2. 提高管理效益

加强合同的精细化管理一方面可以在合同中详细规定参与建设各方的权利和义务，保证建设各方必须共同遵守的法律依据；另一方面可以加强建设项目合同的执行管理和监督，维护各方利益，规范各方义务，减少不必要的纠纷，这样不仅有利于控制建设项目的成本、质量、进度与安全，提高建设的经济效益与工程质量，还有利于推进建筑行业的健康发展。

第二节 合同签订管理

合同管理是高校基建项目建设过程中重要的组成部分，在基建项目管理中具有不可替代的核心地位，其既是建设项目管理的核心，又是处理项目实施过程中各种纠纷和争执问题的法律依据。高校在基本建设合同签订的过程中要做到签订内容全面严谨、规范合法、权责明晰，才能降低风险，为建设项目的顺利完成创造先决条件。

一、提高基建管理人员的合同法律意识

高校的合同法律意识要从管理层抓起，组织相关部门领导与工作人员学习《建筑法》《合同法》《招标投标法》《最高人民法院关于审理建设工程施工合同纠纷案件适用法律问题的解释》《最高人民法院关于审理建设工程施工合同纠纷案件适用法律问题的解释（二）》等相关法律法规，并邀请相关的专家律师或者其他高校部门负责人进行座谈交流学习，特别是针对最高院的司法解释进行学习，提高基建管理人员的法律意识，规范基建管理人员的行为，保证基建合同在法律许可的范围内签订。

二、坚持签约双方公平性

签订基建项目合同时，签约双方的权利义务平等、合法是合同制定中一项非常重要的原则。在确定合同时要采用相应的合同范本，一般对于重大工程项目来说，要尽量采用当地行政主管部门发布的规范合同文本；对于一般性较小

的工程来说，可以经由签约双方协商制定相应条款。但不管是采取的哪种方式签订合同，都应该要做到在保障学校自身权益的同时，制定出公正、公平、合理、合法、对等的条款，切实维护双方的合法利益。

合同中的违约条款也要充分体现公平性，它是合同中的预防性措施条款，它也应当根据公平合理的原则制定。这一点是学校作为甲方经常容易忽略的问题，往往考虑自身利益多，在合同中不明确规定或是减小自身违约时要承担的违约责任，把违约责任推向对方多些，同时加大对乙方违约的惩罚，在这种情况下，若是出现了学校方违约引发诉讼的情况，法院在判决时候也会首先基于公平原则对违反基本准则的违约条款进行适当调整，或在合同中无学校方违约责任条款时视同于与乙方相同的违约条款，不会全按原合同签订的内容判决。

高校在明确乙方违约条款时可以参照以下几项约定：

1. 质量违约

因乙方工程质量达不到约定标准，乙方无条件返工，直至达到约定标准，并承担由此造成的一切损失并向甲方支付××万元违约金。如施工过程中，乙方能够及时纠正违约情况并弥补因违约造成的损失，经乙方申请及甲方书面确认，可在后续进度款中酌情返还违约金。

2. 材料违约

在合同履行中，未经甲方书面同意，乙方擅自改变甲乙双方已确定材料、设备品牌、档次、技术参数，除明确必须按规定更换外，每发生一次，承包人应向发包人支付违约金××万元。

3. 指令违约

在施工期间，凡甲方或监理发书面通知要求乙方整改或配合的，乙方未进行整改或者整改后仍不能满足甲方要求的或拒不配合的，除要求按规定必须整改外，经甲方书面确认后，每违约一次，乙方应向发包人支付违约金，每次违约金××万元。

4. 工资发放违约

因乙方未按时向其雇佣员工发放工资，造成其相关人员投诉、上访等情况，乙方必须除负责处理并赔偿相关方损失外，每发生一次承包人应向发包人支付违约金××万元，情节严重的还应移交政府相关部门处理。

5. 资料移交违约

未按期移交相关工程档案资料的，除约定要承担相应损失外，每逾期一天违约金=合同总价*××‰。

三、合同签订管理的流程机制建设

（一）正确处理招标与合同签订管理的关系

高校基本建设项目合同的签订与招投标过程管理之间存在着密不可分的关系，招投标工作是基建管理的必需步骤，也是合同签订的直接依据之一，同时在招标文件中也有合同基本条款的约定，因此招投标管理工作做得越规范，合同签订时产生的分歧越少。

高校在进行建设项目的招标工作的时候，要把建设项目的基本要求和技术标准予以详细科学的阐述，制定出详细的工程量清单，科学编制招标文件，严格按照国家招投标相关规定确定最符合要求的项目实施单位。如果没有不可抗拒的条件不可修改相关条款，合同的主要条款与招投标文件必须一致。因此，高校要合理设置招投标环节和合同管理环节，在招投标环节就要对主要内容（包括投资控制、进度控制、质量控制、设计变更、支付与结算、竣工验收、合同索赔和争议处理等）结合项目的实际情况，认真进行分析研究，合理确定相关内容，在与项目实施单位签订合同时不能随意更改，只能对不完善的地方与中标单位进行谈判，重新进行约定，使得招投标过程和合同管理过程有机结合起来，从而高效、科学地完成合同签订工作。

（二）坚持合同评审会签制度

高校在基本建设管理中者要将合同管理纳入基本建设项目的日常管理中去，基建管理者认真学习掌握《建筑法》《合同法》《招标投标法》等法律法规的精神，严格按规定依法约定合同中的各项条款内容，明确双方的权利义务，明确变更、签证等因素可能引起合同调整的时效和程序，减少对工程质量、安全、造价、进度控制带来随意性。

同时要制定严格的合同评审会签制度，基建管理部门、招标管理部门、财务部门、审计部门、纪检监察部门等职能部门要相互配合、相互监督，各部门各自履行好自己的职责，对合同实行全面的精细化管理。由基建管理部门牵头对基本建设项目的合同实行全面管理，对合同主要内容负责，财务部门则按规定审核合同的进度款拨付时间和金额，招标部门负责对合同和招标文件的符合度进行审核，审计部门对工程量清单及合同的主要条款的合法、合规性全过程审计，纪检监察部门对合同签订的纪律等进行监督，合同审签流程应由学校基建管理部门、财务部门、招标管理部门、审计部门、纪检监察部门等相关部门会签后，通过学校法律顾问审查，报分管基建的院（校）领导审签，根据合同金额的大小，按照学校"三重一大"有关规定，执行签批。具体合同会签可参照以下会签表，如表7-1，某大学的合同评审流程也值得参考（见图7-1）。

表7-1 合同会签参考模板

×××建处合同会签单			
项目名称：		合同编号：	
合同名称：		经费来源：	
立合同单位：		合同金额：	
经办人：		拟稿日期：	
合同资料，主要内容及需要说明的情况			
用户单位意见：			
负责人（签字）：			
单位公章：			
基建处意见：		基建处领导意见：	
负责人（签字）：	日期：	签字：	日期：
计财处意见：		计财处领导意见：	
负责人（签字）：	日期：	签字：	日期：
招标办意见：		招标办领导意见：	
负责人（签字）：	日期：	签字：	日期：
审计处意见：		审计处领导意见：	
负责人（签字）：	日期：	负责人（签字）：	日期：
法律顾问意见：			
		日期：	
分管校领导意见：			
		日期：	
校长意见：			
		日期：	

备注：1. 本会签单适用于基建处工程合同项目变更、解除等事宜；2. 会签（流转）工作时间原则上不超过3个工作日；3. 本会签单由基建处综合管理部负责保管存档；4. 该流程也可用于网络审签合同

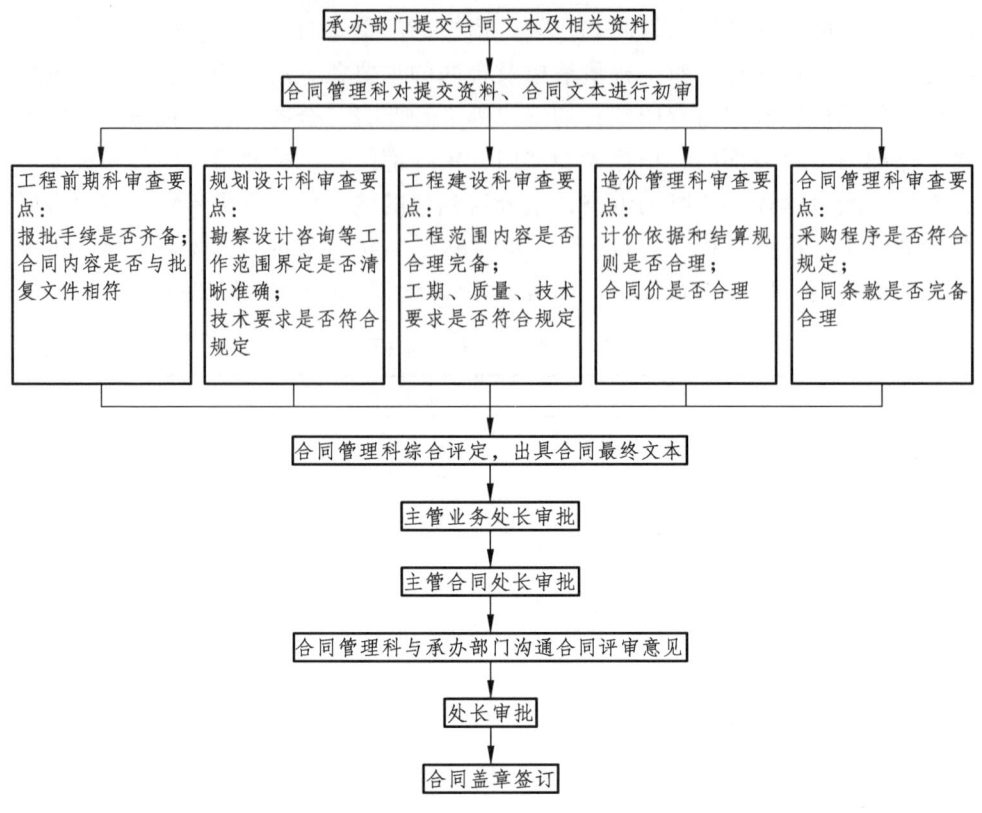

图 7-1　某大学基建处内部合同评审流程

（三）合同公开、公示制度

采用纸质和电子信息化手段对项目的实施情况进行记录，并对纪委及校领导等人员进行授权使其可以在线监督。学校在基建合同签订后要及时对建设项目的名称、面积、用途设计单位、施工单位、监理单位等主要内容在校内采用工作方式进行公示，接受学校师生的监督，对提出的意见建议要及时回复和修正。

四、准确选择应用合同示范文本和招标文件范文本

示范文本为非强制使用文本，但在法律上作为一种交易习惯，一旦涉及法律法规没有规定的，这类示范文本就开始起作用，最大限度地保护和说明双方的权利义务。国家为了加强招投标和合同管理，减少纠纷，规范市场，一定时间都会对合同示范文本和招标文件范本进行更新。国家在招投标方面有标准招

标文件范本（包含设计、勘察、市政基础、施工、房屋建筑等方面）和电子招投标文件文本，基建管理人员在组织招标时，要按相关要求使用招标文件范文本，并在统一格式和规定的前提下结合自身实际，在法律法规允许范围内完善合同主要条款。

在基本建设过程中一般都需要与项目咨询单位、勘察单位、设计单位、监理单位、施工单位等各个单位签订不同类型、金额的合同，而合同示范文本由国家市场监督管理部门会同有关业务主管部门根据实际需求制定并发布，根据行业不同有很多种，如《建筑工程施工合同》《建筑工程施工劳务分包合同》《建筑工程施工专业分包合同》等，不同的合同文本根据双方合同关系或合同内容不同具有不同的适用范围。在进行基本建设的过程中会与勘察单位、设计单位、监理单位、施工单位以及材料供货商等多个单位签订不同类型、不同金额的合同，因此在选择合同文本时要根据合同性质不同而选择合适的制式文本。

随着市场的不断变化，国家相关部门也会对合同格式版本不断更新，住房和城乡建设部于 2017 年更新了《建设工程施工合同（示范文本）》（GF—2017—0201），该合同示范文本在工程计价方式、质量保证条款等方面有了一定的调整，因此在合同签订时要注意签署的合同版本是最新版本；合同文本通常由协议书、通用条款和专用条款三部分组成。其中通用条款是整个合同文本中最长的部分，涉及的内容繁杂且专业术语较多[①]，在签订合同时，要清楚这些内容与专业术语的含义，明确里面的每一条款对自己的权责有哪些规定与限制，再进行选择，保证合同的主要条款与招标文件的有关内容完全一致，不得随意变化。若有不同意见的，双方必须在不违反法律法规的前提下，通过协商后在专用条款中予以补充修正；对涉及许多时限的事项，如签证时限、验收时限、批准施工方案时限等，要根据工程项目的实际情况，宽限设置，否则极易造成违约。

五、合同主要条款的约定

（一）认真审核合同内容

合同管理是高校基本建设管理的核心之一，是处理建设项目实施过程中各种纠纷和争执的法定依据。在基建项目的建设过程中，有些高校时常会对合同内容不进行仔细审核把关，导致所签订的合同内容不完备或是不严谨，与乙方

---

① 匙静.建设单位如何降低建筑工程合同管理中的风险[J].智库时代，2019（11）：54+64.

产生误解，引起合同履约纠纷，给学校带来时间或资金上的损失。

在基建管理过程中，学校要全面梳理工作流程和各个环节，查找在建设过程中可能存在的风险点，在建设项目的可行性研究、立项、招标、合同签订、施工及验收等各个工作环节规范设置管理岗位和人员，合同的起草谈判、签订、执行等工作岗位要分离，相关工作岗位要明确各自职责，不相容的岗位要严格按职责分离制度执行。一份好的合同，首先要保证合同文本格式规范严谨、文字表述准确明晰、合同条款要素完整，要严格对合同中的通用条款、协议条款、专业条款及附件等进行认真审查；其次，合同内容要合法合规，合同内容的合同价及主要条款要严格与招标文件合同条款中规定的实质性内容一致，也绝不能签订背离合同实质性内容的其他协议，要对项目实施过程中可能遇到的问题做出详尽的约定。

（二）合理排列合同相关文件的解释顺序

合同文本中按照所有构成合同组成部分的文件产生顺序、强制性优先顺序等做了一般意义的排序，例如国家发布的《建筑工程施工合同（示范文本）》（GF—2017—0201）中就对构成合同的文件进行了排序，依次为：

① 本合同协议书；② 中标通知书；③ 投标书及附件；④ 本合同专用条款；⑤ 本合同通用条款；⑥ 标准、规范及有关技术文件；⑦ 图纸；⑧ 工程量清单；⑨ 工程报价单或预算书。

学校在实际基建管理签订合同的过程中，要结合工程项目的实际情况和学校的实际情况，除国家强制要求不能改变的顺序外，可以对部分排序做出适当调整。如：对于相对简单、工程量清单比较详细的工程，若建设方拟对工程量一次性包死，则可将原位于第 8 位的工程量清单前移至第 3 位，这样将来一旦产生争议，根据不违背法律规定的情况下约定优先原则，将会以工程量清单上所列工程量为准。①

（三）合理约定市场风险分摊机制

在基建项目实施的过程中，由于国家政策、市场、环境的变化及不可抗力因素，必然会对工程项目的实施产生影响，也就要求在合同中对相关内容风险进行约定。

---

① 匙静. 建设单位如何降低建筑工程合同管理中的风险[J]. 智库时代，2019（11）：54+64.

（1）法律的变化属于学校完全承担的风险，因法律变化导致项目承包方在合同履行中所需要的工程费用发生除物价变化以外的增减时，比如工程规费、税金发生变化，如果是基准日期之后发生的，合同价款予以调整，风险由学校承担。

（2）学校采购材料和工程设备的，要在合同中约定材料、工程设备价格变化的调整范围或幅度，没有约定，要按照《建设工程工程量清单计价规范》（GB 50500—2018）的规定，材料、工程设备单价变化超过5%，则超过部分的价格应给予调整。

① 定额人工工日单价发生变化时，人工费的调整：定额人工工日单价是指由行政部门颁布的建筑业生产工人人工日工资单价，其一般是与地区定额配套使用，具有较强的政策性且相对稳定。当承包人的人工费报价低于新人工成本信息，人工费予以调整。当承包人的人工费报价高于新人工成本信息，人工费不予调整。

② 材料费的调整：材料费用支出在建设工程费用总支出中的占比为60%~65%。在承包人风险可控的情形下，应对承包商进行补偿的材料费。通常情况下，合同缔约双方会在合同专用条款中约定对材料价格超过15%的进行补偿，未超过的不予补偿。常用的6类材料包括钢筋、水泥、混凝土、木材、砂、石。

③ 施工机械使用费的调整：施工机械使用费按照国家或省、自治区、直辖市建设行政主管部门、行业建设管理部门或其授权的工程造价管理机构发布的机械台班单价或机械台班系数进行调整。

（3）要正确约定不可预见性因素的条件，确定学校承担风险的范围，因不可抗力停工期间，应学校要求照管、清理、修复工程，只需赔偿费用，不包括工期和利润，施工单位可以合理转移风险，不仅投保工程一切、安装工程一切险，还需投保第三者责任险，人身意外伤害险、承包人设备保险等，实施有效的风险管理，转移重大风险可能带来的损害，并阻止不可抗力等事件的扩大。如在××学校×××工程项目，施工单位提出成都地区出现不可预见突降大暴雨，导致洪水冲毁拦河围堰，对现场情况也进行了签证，要求计算损失。但经核查发现合同中没有约定清楚什么情况属于不可抗力的情形，是50年一遇还是100年一遇的情形；还有就是这种情况出现后应调查清楚到底是谁的责任，是施工单位管理问题还是确实因为不可抗力，因为该部分为施工措施中的临时围堰，如不是不可抗力原因，就应属于施工单位自行承担的范围，否则学校就要承担费用。

(四)合理确定价款结算和支付方式

由于工程项目的大小、性质和承包方式等特性的不一样,工程造价的确定和支付方式是不同的,可以分为固定价格和可调价格,固定价格又可以分为固定总价和固定单价。固定总价要求在合同中要准确描述工程实施的范围、应达到的质量标准,同时还要对达到条件后付款额做出明确约定,一般适用于实施周期短、工程造价小的工程项目,付款方式可以协商,一般分为进场施工前付预付款30%,竣工验收后付至85%,结算完成后扣除质保金后付清;固定单价合同,在合同中要明确项目使用具体工艺和做法,单价固定,结算时用实际完成的工程量乘以单价确定工程造价,在高校基本建设项目中固定单价合同是最常见的工程合同。可调价格合同主要是由于建筑结构、工艺复杂,工期较长,没有造价可以参考,最终价格不确定,所以在招标时为暂定价款,同时后续材料、施工工艺等条款明确后确定调价方式、内容,这种可调价的合同一般采取分阶段付款。除此之外对于应急抢险工程、建筑保护、受自然灾害恢复项目,学校按实际发生承担一切费用,也就承担项目的全部风险,采用成本加酬金的计价方式确定合同价款。

近年来我国也在积极推进施工过程结算,发承包双方在建设工程施工过程中,依据合同约定的结算周期(时间或进度节点),对已完工程价款进行结算的活动,与竣工结算相比较,施工过程结算有利于规范施工合同管理,减少甲乙双方争议,动态把控工程造价,把问题和争议化解在过程中,有效避免"结算难",也可以防止农民工被欠薪。四川省对于施工过程明确要求"房屋建筑和市政基础设施工程施工合同工期两年以上的新开工项目要积极推行施工过程结算,鼓励其他项目根据工程具体情况实施施工过程结算。施工过程结算完成后,发包人应依据已确认的当期施工过程结算文件,按照合同约定足额支付结算款","施工过程结算文件经发承包双方签署认可后,作为竣工结算文件的组成部分。未经对方同意,另一方不得就已生效的结算文件进行重复审核,发包人不得以未完成审计作为延期工程过程结算的理由,拖延办理结算和支付工程款。"这也就要求高校在基建项目管理过程中,要根据国家规定和项目的实际情况,在签订合同时合理确定价款结算和支付方式。

(五)甲方现场代表的职权要细化

"甲方现场代表"就是高校基建管理部门派驻工程现场、代表学校在建设现场进行管理和监督的人，他在施工现场的权力较大，即使学校内部有对相关的甲方现场代表的管理规定，也要在合同中对"甲方现场代表"进行职权进行明确，明确其管理相关权限，如：工程变更、签证、进度款的拨付、与监理单位权力分配等权力的大小、程度，否则"甲方现场代表"不按规定越权签字，即使学校方按内部相关程序对其处理，但外部损失也很难挽回。另外，学校对"甲方现场代表"的权力应有相关的监督、监管机制，不能无限地授权，否则可能会导致"甲方现场代表"与工地施工方互相串通等情况，给学校和个人带来损失。

如在某学校在排洪沟的整治项目中，其招标文件中已明确"投标人须结合现场实际情况自行考虑夏季高温、冬季雨季施工、排水、排污、夜间施工费、二次搬运费等措施费，中标后不做任何调整，也不另行签证"，按清单和合同约定该季施工、排水、排污部分费用20余万元，应该包含在施工单位根据现场情况编制的措施费当中，不应该再行签证。但在实施过程中发现涉及施工单位抽水台班签证上有相关抽水记录表并且有监理和甲方现场代表签字并涉及费用，这就是典型的甲方现场代表和监理的责任心不够造成的，在结算和审计过程中还是要给予否定处理。

（六）慎重选择争议的解决途径

合同中都会有争议解决办法的条款内容，有仲裁和诉讼两种方式，而且这两种方式是并列关系。

"仲裁制度"采取的是"一审终审制"，其仲裁庭一般由三人以上仲裁员组成，除首席仲裁员双方共同选定或仲裁委指定外，剩余一半的仲裁员可以自己选定，且仲裁员一般为建筑业中德高望重者，能够让争议双方都尽情发表自己的观点，但此方法一审终局，在程序上或实体上无重大违法行为，法院一般无权改判。若是采取诉讼制度，则是"二审终审制"，审判过程严格按程序进行[①]。如果在签订合同时对仲裁和诉讼都选择，就会视为约定不清楚，如没有再行仲裁约定，则由法院管辖处理。所以，在签订建设工程合同时，学校一定要结合学校实际情况慎重选择两种方式之一去解决争议问题，不能给项目建设工作带来麻烦。

---

① 匙静. 建设单位如何降低建筑工程合同管理中的风险[J]. 智库时代，2019（11）：54+64.

第三节　合同执行管理

基建合同的执行是对基建合同管理的重要部分,如果只有一个纸质的合同文本,没有严格按章办事,执行合同约定,合同也就成了一纸空文,不能有效调控整个建筑工程项目的运行状态,也就不能实现项目的建设目标。

一、提高风险防范意识

学校基建管理工作人员要有契约精神,必须有严格按合同约定办事的意识,切实维护合同本身的严肃性,才能充分体现合同的法律权威性。在项目实施过程中,要遵循合同要约和国家法律法规,对项目建设工程的造价、质量、安全、进度等全过程、全方位进行管理及监控,发现问题,及时解决,充分利用合同条款严格要求项目实施单位按照合同约定及时、准确地履行相应责任和义务,不得减少或变通执行合同条款;对于项目各阶段的验收,要细致核实项目完成的实际状况,检查项目是否按合同和国家相关规范要求实施,只有按合同约定和国家相关规范要求完成各阶段工作并验收合格后才能进入竣工结算环节;在对进行项目结算时,要对合同中约定的计价方式、结算条件和依据等相应条款进行详细核对,严格按双方合同约定和国家法律法规办理结算。只有严格执行合同条款,才能保证项目建设参与各方认真履行合同约定的相应权利和义务并及时妥善处理所发生的纠纷,从而规范建设参与单位和个人的行为,预防腐败现象的发生,保障建设目标的顺利完成。

二、监管项目合同资金执行情况

高校的基建管理部门和财务部门要对项目合同的资金情况进行统筹安排,首先在项目的实施方履行合同的基础上,学校必须按合同约定及时支付款项,否则会影响工程项目的正常进行,会导致合同纠纷。这也是高校在基建管理中容易出现问题的环节,由于内部沟通或其他问题,对应该支付的相关费用不及时到位,导致与合作方产生纠纷,影响合同执行和自身单位的形象。因此要对项目资金进行筹管理,根据合同中约定的付款期限、金额及工程完成实际进度的情况,及时安排建设资金,同时要对学校的基建项目的实际支付时间及金额分阶段总结分析，根据合同及实际项目进度安排下一阶段资金，提高资金的使用效率，提高项目建设效率；工程进度款虽然是经过监理、项目过程控制单位和学校甲方现场代表等单位和人员审核的，也需要不定期对项目进度和所完成工程量与支付的资金符合度进行核实，以免出现偏差。

三、控制合同变更

高校在进行学校的基本建设的过程中，一般情况下，合同是不能变更的，但受到一些因素和不可抗力的影响，会出现合同内容与实际情况相冲突，基建管理工作人员要本着实事求是的原则，按国家法律法规和学校规定的程序和允许的范围内对合同进行适当调整。

首先学校要建立严格的设计变更、签证管理制度，合同变更管理办法，要对原合同认真研究，通过现场调研、业专家论证及相关单位、学校相关部门共同研究后确定变更情况，严格控制变更洽商事项，对于不属于变更范围的坚决取消；其次要及时处理变更事宜，如果发生了合同变更情况，学校基建管理部门要及时组织研究，拿出解决办法，避免由于处理不及时导致一方产生较大的经济损失，保证合同双方的利益，推进工程项目的顺利实施；然后要及时处理变更违法违规行为，如果出现实际实施情况与合同内容相比变化较大的，要彻底查明原因，及时整改处理，对于施工过程中出现的违约、欺诈等违法违规的不良行为要严格按照法律规定进行严肃处理，防止出现徇私以至于影响项目的竣工。

四、监控项目实施单位合同的执行

学校在进行合同执行管理的过程中，采用信息化管理等手段，随时主动和合同对方对履约情况进行定期与不定期的检查、监督与评价，对基本建设项目实施全面的监控，监控合同的整个履约过程，合同监管不仅要对工期进度节点检查工程实施进度情况，对受到气候及环境等非正常因素干扰的工期进度变化情况进行监督；还要对建设期间主材价格波动对建设资金造成的影响进行监督；还要核查及审批支付款项和投资管理情况，通过一定方式方法核实所付工程款是否落实在该项目上，如果发现异常，要及时约谈对方单位，提出抗议，要求对方处理，防止资金挪用，影响建设项目的进度和安全；还要监督工程施工质量、安全等是否符合国家法律法规和合同约定，发现问题，及时处理事件，降低项目管理风险，保证项目合同的正常履行。

第八章
校园规划的精细化管理

第一节 校园规划

一、校园规划的概念

校园规划是一门科学，属于边缘学科，有其自身的科学规律，介于城市规划与单体建筑设计之间的综合学科。校园规划相对于城市规划而言属于小范围的规划，不仅包含建筑单体和空间规划，还包括不断发展更新的教学理念和设施的建设规划，虽然是城市规划中很小的一部分，但它基本包含了规划设计的所有内容。

大学校园是建筑、环境、人组成的一个完整有机结合体，其规划不同于普通的单体建筑设计，也不同于一般的城市规划和住宅小区规划，也不同于中小学的校园规划，有其自有的特殊性。它不是单栋的建筑或建筑综合体，而是多种功能非单一用地的大量建筑单体的集合；它是功能线索相对单纯，用地规模在几至几万平方千米的综合设计，是平面规划和建筑空间设计加上外部空间园林景观和情感空间的综合体。

二、校园规划的基本原则

高校的校园规划主要是对大学校园的总体空间结构进行规划，有它自身的特点和要求，其合理性、科学性直接影响到学校发展，在进行校园规划管理时必须要遵循相应的基本原则和要求如下：

（一）要符合国家和学校发展的需求

伴随着"十三五"以来我国经济发展进入以结构调整、增速放缓和驱动力升级为标志的新常态，党的十九大报告提出了优先发展教育事业，加快一流大学和一流学科建设，是高等教育在新时代的重要任务。2018年在全国教育大会上，习近平总书记对做好当前和今后一个时期教育工作做了明确指示，要求全党、全国、全社会要从党和国家事业发展全局出发，深入分析新时代新形势对教育提出的新要求，加快推进教育现代化、建设教育强国、办好人民满意的教育，也就对校园规划提出了更高要求。教育部和各省教育厅都对校园的规划有明确的规定："编制校园规划应当正确处理好近期需要和发展需求的关系、新校区和老校区的关系，必须符合国家和地方相关规定"，"高校校园建设总体规划依据高校办学定位、目标任务、发展规模和中长期规划而制定，是学校确定建设项目、开展基本建设的重要依据，应当具有前瞻性、科学性、稳定性和权威性，不得随意变更"，"编制校园建设总体规划应当贯彻以人为本、集约高效、绿色环保、和谐美观等基本方针，坚持适用、经济、勤俭节约等基本原则，贯彻创新、协调、绿色、开放、共享新发展理念。校园建设总体规划应充分体现校园文化特色，努力构建资源节约型、环境友好型校园，加快校园绿化、美化、文化、信息化建设"。高校是集高水平人才、学科于一体的高地，承担培育创新人才、创新体制机制、创新发展的任务，高校的规划、建设也要必须与时俱进，体现创新元素，为科学创新发展提供有利条件。

（二）突出为师生服务的基本功能

高校校园规划是以服务师生教学生活为基础，是构建校园建筑群体建设、遵循规划设计原理与理念进行校园平面与整体布局的设计。校园是一个有机的连续整体，校园规划必须考虑整体和连续原则，注重合理布局和校园各功能空间的形态特征和网络结构，结合当今城市规划科学发展前沿理论和最新成果指导规划设计，体现城市文化特征。师生是校园规划建设的检验主体，校园规划和设计应为师生教学生活服务，满足师生的内心和活动需求，创造舒适空间环境，离开了师生的活动，校园便失去了其特有的意义。校园规划对各区域要根据学校的自身专业和文化特点进行系统策划，使建筑物、绿化景观、各功能分区之间相互融合，相互协调，保持相对的整体感。教学科研区要有安静、雅致、勤奋、积极向上的文化氛围；办公区要有高效、务实、勤政的文化氛围；师生生活区要打造温馨、和谐、文明的文化氛围；运动区要打造朝气活泼、昂扬向上的文化氛围；校园景观要以自然、绿色为主旋律，突出学校特色，为师生创造更加宜人、恬静、自然、和谐的校园环境。

(三)坚持可持续发展的原则

贯彻可持续发展战略,就是以建筑为主,尊重自然,生态景观为辅助,相互依存,和谐共生,以达到改善校园环境的目的,实现高校校园可持续发展,创建环境友好型校园,也是目前世界各国校园发展的必然趋势,也是各国研究的重点。例如隶属于美国亚利桑那大学的建筑与景观学院(CALA)所建的索诺兰沙漠景观实验室,是对户外教室和入口广场的整合设计,其可持续发展的战略体现在雨水的收集、污水的净化循环利于等方面。藤蔓在格栅上攀爬,对建筑起到遮阴和降温的作用;收集雨水、空调冷凝水、清洗设备的无添加废水并将这些水加以利用,给花园灌溉;多余的水将溢出,但并非浪费,而是引导运输到下游荒野河岸的池塘,再次引流进入生态湿地旱谷。这一旱谷的设计非常独到且构思巧妙。设计旱谷是为了吸收水分,使得流经旱谷的水流速度放缓,让它更慢流过种植着亚利桑那州当地植被的湿地。这个系统有助于减轻城市水流失迅速相关问题,植被湿地能够滞留和过滤水系,同时还满足景观需求。这个案例成功诠释了可持续发展的概念[①]。

高校在进行校园规划时要节地、节水、节能、环境保护,必须要科学合理地分配土地资源,提高土地集约使用的综合效益;建筑要可持续化,可持续性建筑是指在建筑的使用周期范围内尽可能地对其资源进行充分利用,其中包括建筑材料要选择绿色、低污染或无污染、节能和对资源、地质等方面有利用的,减少对环境的污染。可持续性建筑不仅是指要能够满足师生的健康水平,还要能够使得工作生活环境能够达到师生的要求,不仅使城市自身可持续发展,节约资金投入,而且使师生的生活环境与自然和谐统一,同时要充分考虑建设规模、装修标准、实施的经济性和合理性,避免奢华浪费和超标准超投资建设;校园环境建设要按资源可循环原则,按照海绵城市技术实施标准,形成有机循环系统,真正提高环境质量和品质,形成绿色校园;充分考虑校园景观和建筑规划的可行性和充分弹性发展的可能性,要为学校的后期发展留足空间。

(四)坚持高校独特的文化特色

每个高校都有其自身特别的特色,包括其自身的发展历史、社会关系以及地理环境。校园规划要体现高校自身的办学特色,充分利用和结合各学校的现有自然条件,注重保留历史文脉和原有重点建筑的风格风貌,提高建筑文化品

[①] 刘艳文. 新世纪高校新校区规划与教育建筑设计探索[D]. 天津:天津大学,20117.

位，提升建筑文化的熏陶、教育和传承功能；对各区域要根据学校的自身专业和文化特点进行系统策划，使建筑物、绿化带或景观之间、各功能分区之间相互协调，保持相对整体感。

如大家所熟知的武汉大学的樱花，正是充分利用了为表示中日友好日本赠送樱花的历史和武大原本就有的樱花历史，形成了以樱花为主的景观设计。

厦门大学思明校区的设计规划体现陈嘉庚先生强烈的乡情国思和审美趣味，具有浓郁的时代特征，体现了多元融合的创新精神。融合了中国闽南古民居"飞檐翘脊"屋顶和西式"白墙石柱"屋身结构的建筑楼群，像一件件精美的艺术品错落有致地矗立在校园里，构建出美丽厦大建筑文化的主体等，形成了学校自身独特的文化历史底蕴。

（五）坚持校园规划的智慧化

党的十九大报告提出了两个新概念，一个是智慧社会，一个是数字中国，十九届五中全会又通过了《中共中央关于制定国民经济和社会发展第十四个五年规划和二〇三五年远景目标的建议》，明确提出要"加快数字化发展"，"坚定不移建设数字中国"，"坚持创新驱动发展，全面塑造发展新优势"。这是满足人民对日益增长的美好生活需要的新举措。智慧社会在一定意义上描绘了社会发展的一个过程，数字中国是新时代我国信息化发展的新战略，是驱动和引领国家经济发展的新动力，涵盖经济、政治、文化等各个领域的信息化建设，包括"互联网+"、大数据、云计算、人工智能、新型智慧城市等内容。新技术的发展，比如大数据、云计算、区块链、物联网、人工智能、5G等，进一步加速了数字化、网络化和智能化的进程，为数字中国的到来提供了强大的应用基础。目前，我国的互联网网民数量远超八亿，社交媒体参与用户数量仅微信一个平台就达到了十多亿，电子商务交易去年就超过三十多万亿。高校是国家高级知识分子和最喜欢且容易接受新技术和新事物的年轻人的集中地，也是研发、传授新技术、新知识的场所，其在校园规划上有责任、有义务满足社会对先进的科学技术手段的需求，以学生成长、教师专业成长、学科研究、学校管理、服务、综合评价等为系统，建立智慧校园的建设规划是学校发展的必然趋势。

所谓智慧校园，是指充分利用移动互联网、大数据、云计算、物联网等新技术，通过监测、融合、智能分析及响应的方式，面向学校管理、教学、科研等主要业务流程，结合已有资源，使各业务系统信息共建共享，以实现科学的、全新的管理模式，为师生提供以快捷便利为基础的高质量的学习、生活环境，构建节约型、智慧型校园，确保教育资源最优利用[①]。

它为广大师生提供一个智能感知环境和综合信息服务的平台，提供基于角色的个性化定制服务，将基于计算机网络的信息服务融入学校的各个服务应用领域，实现互联、协作及共享；通过智慧服务平台，为师生之间及外部世界提供一个相互感知和互动的生活、教学、科研平台。

（六）合理规划，分期实施

校园规划从设计到实施完成是一个很长的阶段，一个规划要正确处理近期学校发展建设的需要和学校后期发展远景发展的关系，不能只考虑当下需求，不为将来发展留下余地和思考空间；要处理好新建与改（扩）建关系，传承与创新关系，要保护好老校区有历史纪念意义的设施，改造其不合理的功能，整体风格要基本统一，让老校区焕发生机，随着社会和学校的发展而调整，不能一概不变或全部否定重来。根据学校的发展需求，要按照"满足需要，适当超前，一次规划，分步实施"的原则，以高起点、高质量、高水平，在当时的条件下根据学校教学、科研和生活需要进行总体规划和建设计划，一次规划，分阶段实施，营造一个完美、和谐、统一校园。

第二节　校园规划的精细化管理

校园建设规划在高校基建管理工作中占有重要地位，建设规划水平的高低对学校的各项工作、教师和学生的教学、工作和生活产生巨大影响，甚至影响学校的整体形象和综合竞争力，随着"十四"五计划的开始，我国高校又迎来高速发展的契机，校园建设规划必须适应时代的潮流，及时根据实际情况，科学合理地编制校园建设规划，以满足高等学校发展的需要。

一、统一思想，形成共识

校园规划是学校的重大事情之一，规划水平的高低会造成学校土地等资源、投资等浪费，直接影响学校师生的教学、科研和生活，影响学校未来的发展。从学校的校级领导到广大教职工都要统一思想，明确校园规划建设的重要性和

---

① 倪翠霞. 高校智慧校园建设方案探讨[J]. 电脑知识与技术，2021，17（12）：73-74.

学校校园规划的发展需求。

  在进行校园规划前要进行"家底"调查，基建管理部门要积极对接学校的发展规划、办公室、教务、资产管理等部门，对学校的现状和发展需求做一个充分调查研究，充分调研核实清楚现有学校以及选择配置校舍项目的具体情况、现有校级以及院系行政管理人员数及职位、院系专兼职教师人数及职位、学校学生人数及学科结构比例和学校的长远期发展规划，做到心中有数，为整体规划设计功能布局做安排；同时也要向当地城市主管部门进行了解，搞清学校周边的社会配套情况，按照国家法律法规和高校校园规划的原则要求，提出一个包含规划目的、布局要求等指标详细的校园规划意见书，多方面征求包括教职工、社会专业人士等的意见，提交校基建基本建设委员会讨论，形成一致意见后，报校务会和党委会审定。

二、择优选择规划设计单位

  规划设计单位整体水平的高低直接决定了校园规划是否科学、合理，高校在进行校园规划时要高度重视规划设计单位的选择。首先要把招标信息除在规定的网站发布外，还要在多个网上公开，以便更多的单位和个人知晓；第二，科学制定评标办法，采用综合评估法，分值要重点向单位资质、业绩、获奖情况、项目负责人的水平和设计团队的配备及方案的水平情况等倾斜，如资质越高、获得资质的时间越长，分值越高；项目负责人职称和相关资格证越高、获得时间越长，分值越高等；第三，由于规划设计招标，投标单位一般要做规划初步方案，投标单位的成本会很高，为了提高投标单位的积极性，可以采用先选择入围单位，对入围单位进行奖励，奖励金额可以根据项目的大小确定，但不能太低，以可以满足投标单位投标的实际费用为好。

三、对规划设计结果进行充分论证

  在进行校园规划的过程中，首先要给规划设计单位提供学校详细的现状，包括师生人数、校园面积、专业设置情况、办学历史等，还要说清楚学校发展需求及校园规划的基本要求；其次基建管理部门要多和规划设计单位沟通，一方面了解规划设计的进展，另一方面要看看规划成果是否满足学校的要求，发现问题，及时沟通、协调；最后在规划设计成果出来后，应该公开征求广大教职工和学生的意见，还要邀请高校管理和建设，规划等方面的专家进行专家论证，然后对收集的意见进行汇总研究，整理出对学校规划有益的意见和规划设计单位一起完善规划设计方案。

四、合理安排基建项目建设实施计划

学校组织相关专家及学者和职能部门进行调研和论证项目，明确项目的定义，并结合学校现阶段的实际情况根据项目的轻重缓急进行推进，按时做出科学决策，明确先建什么、后建什么、怎么建和建设标准，对立项、招标、设计、施工等各阶段时间做出合理规划，避免出现"今天提出来明天就要建成"的情况，这样很容易出现腐败和工作失误，如果一个几百万乃至上千万的项目设计周期只有几天时间，造价编制周期也是几天，设计和造价根本没有复核和认真核对项目是否能实施或者是否合理，则极大容易出现项目错漏设计和错漏项，产生重大的设计变更，以致后期工程总价无法控制。

第九章
建设项目监理的精细化管理

第一节 建设工程监理

《工程建设监理规定》第三条明确提出：建设工程监理是指监理单位受项目法人的委托，依据国家批准的工程项目建设文件、有关工程建设的法律、法规和工程建设监理合同及其他工程建设合同，对工程建设实施的监督管理。它是一种受甲方委托的有偿的工程咨询专业服务活动，目的是确保工程建设质量和安全，提高工程建设水平，充分发挥投资效益，其主要依据是法律、法规、技术标准、相关合同及文件，其准则是守法、诚信、公正和科学。

一、建设工程监理的工作内容

工程监理单位是建筑市场的主体之一，提供有偿的技术服务，国际上把这类服务归为工程咨询（工程顾问）服务，我国的建设工程监理属于国际上业主方项目管理的范畴。《建筑法》第三十二条规定："建设工程监理应当依照法律、行政法规及有关的技术标准、设计文件和建筑工程承包合同，对承包单位在施工质量、建设工期和建设资金使用等方面，代表建设单位实施监督。工程监理人员认为工程施工不符合工程设计要求、施工技术标准和合同约定的，有权要求建筑施工企业改正。工程监理人员发现工程设计不符合建筑工程质量标准或者合同约定的质量要求的，应当报告建设单位要求设计单位改正。"《建设工程安全生产管理条例》和《建设工程质量管理条例》等法律法规都对建设工程监理的工作任务和内容做了详细规定，中国建设监理协会2019年也制定了《工程监理工作标准化及标准框架体系》，对工程监理工作的标准体系进行了完善。建设工程监理主要有以下工作任务和内容：

（1）工程建设的投资控制、质量控制、进度控制。

（2）建设工程的信息管理、安全管理、合同管理、风险管理。

（3）工程监理项目系统内部的协调和业主项目有关系的有关单位的协调。

二、建设工程监理的特点

1. 建设工程监理的服务对象具有单一性

在国际上，建设项目管理按服务对象主要可为建设单位服务的项目管理和为承建单位服务的项目管理。而我国的建设工程监理规定，工程监理企业只接受工程建设单位的委托，它不能接受承建单位的委托为其提供管理服务，也不能对其他的承建单位负责。

业主与监理单位是通过监理合同建立起来的委托与被委托的关系，双方都必须要在合同和国家法律法规允许的范围内行使各自的权利和承担相应的义务。监理单位接受业主的委托，对项目的实施进行监督与管理，要对业主负责，监理单位必须依据合同、设计文件、相关规范及相关法律法规的规定对项目实施独立、科学、公正的监理。业主对不称职的监理人员有权要求更换，甚至解除监理合同，但不得影响和干预监理人员的正常监理工作。

2. 建设工程监理属于强制推行的制度

我国的建设工程监理从一开始就是作为对计划经济条件下所形成的建设工程管理体制改革的一项新制度提出来的，也是依靠行政手段和法律手段在全国范围推行的。为此，不仅在各级政府部门中设立了主管建设工程监理有关工作的专门机构，而且制定了有关的法律、法规规范。

3. 建设工程监理具有监督功能

我国的工程监理企业有一定的特殊地位，它与建设单位构成委托与被委托关系，与承建单位虽然无任何经济关系，但根据建设单位授权，有权对其不当建设行为进行监督，或者预先预防，或者指令及时改正，或者向有关部门反映请求纠正。不仅如此，在我国的建设工程监理中还强调对承建单位施工过程和施工工序的监督、检查和验收，而且在实践中又进一步提出了旁站监理的规定。

4. 市场准入的双重控制

我国建设工程监理的市场准入采用了企业资质及从业人员资格的双重管理，在《工程监理企业资质管理规定》中明确规定："工程监理企业资质分为综合资质、专业资质和事务所资质。其中，专业资质按照工程性质和技术特点划分为若干工程类别。综合资质、事务所资质不分级别。专业资质分为甲级、乙级；其中，房屋建筑、水利水电、公路和市政公用专业资质可设立丙级。""企业技术负责人应为注册监理工程师"，不同的资质等级的工程监理企业必须要有不同数量要求的取得资格证书并经注册的监理工程师。

住房和城乡建设部、交通运输部、水利部、人力资源社会保障部 4 部门 2020 年颁发的《监理工程师职业资格制度规定》中规定："监理工程师是指通过职业资格考试取得中华人民共和国监理工程师职业资格证书，并经注册后从事建设工程监理及相关业务活动的专业技术人员"，"凡从事工程监理活动的单位，应当配备监理工程师"。

三、我国建筑工程监理管理的发展历程

我国于 1988 年开始工程监理工作的试点，1996 年在建设领域全面推行工程监理制度。自提出推行工程监理制度，经历了准备阶段（1988 年）、试点阶段（1989—1992 年）、稳步发展阶段（1993—1995 年）以及全面推广阶段（1996 年至今）四个发展阶段。

1. 准备、试点阶段（1988—1992 年）

1988 年 7 月 25 日，建设部发布《关于开展建设监理工作的通知》（以下简称《通知》），提出建立具有中国特色的建设监理制度；同年 8 月 12 日至 13 日，原建设部在北京召开建设监理试点工作会议（即第一次全国建设监理工作会议），研究落实《通知》的要求，商讨监理试点工作的目的、要求，确定了监理试点单位的条件等事宜。同年 11 月 28 日，建设部又发出了《关于开展建设监理试点工作的若干意见》，决定建设监理制先在北京、上海、南京、天津、宁波、沈阳、哈尔滨、深圳八市和能源、交通的水电与公路系统进行试点。1991 年 12 月 16 日，建设部侯捷部长在全国建设工作会上指出，建设监理试点工作已在全国 25 个省、自治区、直辖市和 15 个工业、交通部门开展，实施监理的工程在提高质量、缩短工期、降低造价方面取得了显著的效果。①

2. 稳步发展阶段（1993—1995 年）

1993 年 5 月，第五次全国建设监理工作会议召开，标志着中国建设监理制度走向稳步发展的新阶段。

---

① 刘廷彦. 建设监理[M]. 北京：中国建筑工业出版社，1994.

1992年，我国为工程监理制定了一系列的规章制度，包括《工程建设监理单位资质管理试行办法》《监理工程师资格考试和注册试行办法》《关于发布建设工程监理费有关规定的通知》。到1992年底，全国有28个省、市、自治区及国务院的20个工业、交通等部门先后开展了建设监理工作，累计对1 636项、投资额2 396亿元的工程项目实施监理。

1993年，在全国第五次建设监理工作会议上，建设部全面总结了监理试点的成功经验，根据形势发展的需要和全国监理工作的现状，部署了结束试点、转向稳步发展阶段的各项工作。1995年10月，建设部、国家工商行政管理局印发了《工程建设监理合同》示范文本；同年12月，建设部、国家计委颁发了《工程建设监理规定》。[①]

3. 全面推行、逐步规范阶段（1996至今）

从1996年开始，在全国全面推行建设工程监理制度。1997年11月1日，第八届全国人大常委会第二十八次会议通过了《中华人民共和国建筑法》，《建筑法》第三条规定"国家推行建筑工程监理制度"。这是我国第一次以法律的形式对工程监理做出规定。2000年1月30日发布施行的《建设工程质量管理条例》（国务院令第279号），对工程监理单位的质量责任和义务做出了具体的规定。2004年2月1日起施行的《建设工程安全生产管理条例》（国务院令第393号），对工程监理承担建设工程安全生产的监理责任做出了规定[②]；2000年12月29日起实施的《建设工程监理范围和规模标准规定》（建设部令第86号），对工程监理的范围和规模做出了规定；2006年4月1日起施行的《注册监理工程师管理规定》（建设部令第147号），对监理工程师的执业要求做出了规定；2007年8月1日起施行的《工程监理企业资质管理规定》（建设部令第158号），对从事工程监理的企业管理做出了规定；2014年3月1日起实施的《建设工程监理规范》（GB/T 50319—2013），对建设工程的工程监理的工作标准进行了规范；2019年制定了《工程监理工作标准化及标准框架体系》，是为了使监理各项活动达到规范化、科学化、程序化、以获得工程监理最佳秩序，获得经济、社会和环境效益，促进工程监理制度不断完善和工程监理行业持续健康发展；住房和城乡建设部、交通运输部、水利部、人力资源社会保障四部门2020年修订了《监理工程师执业资格制度规范》，对监理工程师的职业资格各项要求做了进一步明确。

---

① 张军. 建设工程监理的产生和发展趋势[J]. 企业导报，2011（01）：130.
② 张军. 建设工程监理的产生和发展趋势[J]. 企业导报，2011（01）：130.

法律、法规、制度的制定和完善，进一步明确了监理人员的权利和义务，规范了建设市场各项行为。

据相关统计，截至 2019 年，工程监理企业已发展到 8 300 余家，监理从业人员 120 万余人。监理工作覆盖了房建、市政、水利水电、电力、公路、港航等我国的各行业的工程项目，对工程项目的质量、安全、进度、投资的管理发挥了积极的作用。

第二节　工程监理面临的问题和挑战

实行建设监理制度是我国建设工程领域的重大改革，是国家经济发展的必然结果。自国家实施监理制度以来，在我国高校的基本建设中有力地促进了建设工程项目的质量安全水平的提升，控制了诸多风险，保障了公共利益，为高校的发展做出了积极贡献，但同时也面临着诸多问题和挑战。

一、监理管理制度不健全

我国实行管理模式的时间不长，很多方面和发达国家相比都有较大的差距，存在一些不确定的复杂因素，而且随着社会的高速发展，施工技术的不断创新，国内国际环境的复杂多变，相关法律内容的完整性还有待进一步提高，部分监管内容和方法俨然无法满足当前的建筑业发展的需求，由于部分管理环节的缺失，也为一些工作人员的违法工作行为提供了空间，进而令建设项目的质量、进度、安全等无法得到保证。在高校的基建管理过程中，针对监理的管理制度就更少，一般都认为监理的管理是政府的事，与学校的关系不大，就更谈不上管理制度方面的东西了，但在项目的建设过程中，监理的日常行为是否规范等是需要学校基建管理部门监督的，高校基建管理人员对监理单位的违法违规行为要及时制止并按程序报政府主管部门处理。

二、有些学校过分干预监理工作

从监理制度设计上讲，监理工程师应该是工程项目建设现场唯一的管理人员，建设单位按规定委托了项目监理，就应由监理工程师去对建筑工程项目实施监督与管理的职能，建设单位对项目管理的一些意见和决策就应该通过监理工程师去落实，而建设单位应该真正要履行好的职责是加强对监理的管理，而不是对建筑工程项目进行直接管理。

高校在工程建设过程中的各项管理行为是否规范，直接影响工程项目的质量、进度和投资。高校是建设工程项目的投资方，是项目业主单位，因而往往会导致有些学校对建设项目的监理工作干预过多，有的不通过监理工程师直接给项目施工方下指令，甚至有的学校自行组织班子来对工程项目的进度和投资进行控制管理，有些高校甚至把聘请工程监理当成是为了满足国家法律法规的要求，是应付上级政策的一个对策，从而导致多头管理，工程监理变成了学校单位聘请的工程质量监督旁站人员，造成不必要的纠纷和误解，相互推诿扯皮，效能低下。

三、监理介入晚

目前很多高校在基建项目管理中认为监理单位仅是一个"质量监理"，监理工程师也就成了专职的质量监督员，而对于基本建设中的功能的策划、可行性研究、勘察设计、招标等方面工作内容都基本不涉及，缺乏第三方的专业监管，高校的基建管理部门往往会因为对业务的不熟悉、不专业，难以对其成果的效果进行有效监管，导致很多方面不健全、不完善，后期施工阶段设计变更较多，工期、工程造价控制难度加大，影响整个工程建设。

四、工程监理行为不规范

一些监理单位将单位的利益作为单位管理的重点，忽略了监理工作本来的精神实质。在实际的项目管理中，工程监理单位可能会同时负责监理多个建筑项目的监理工作，项目过多，往往会造成专业技术人员的短缺，同时又因为一味地追求利润的最大化，在监理过程中，往往会减少人员数量或降低监理人员配置，选择非专业人员参与监理等，这样就很容易导致项目监理团队综合素质相对低下，一个监理工程师同时游走于多个项目的现象时有发生，甚至有些项目仅仅是挂名，从而降低管理质量。

同时，在建设工程的实施过程中，一些工程项目的监理现场管理存在不认真、不负责的现象。主要有：资料不按工作进度现场及时处理，出现现场监理资料后补，包括质量检查记录、签证、监理日志等资料；总监经常不在现场，签字时代签，以致笔迹不一致；监理人员没有按投标时所报配备，且资质和数量与实际在岗人员不一样；监理人员频繁变动，更有甚者多次变更总监；现场的旁站监理经常不到位或使用无资质人员；监理月报、总结参照模板，流于形式等。这就导致高校基建管理对监理工作的管理难度加大，需要花很多精力去应对监理工作的日常监管，进而影响到工程项目的进度和质量。

五、工程监理信息化水平不高

随着社会的发展，现代建筑行业也得到了飞速的发展，如今项目管理的标准化、系统化、程序化、信息化和互通的特点已在实践中广泛推行，现代监理企业的发展与信息化发展密不可分。在建设项目的监理工作中，目前市场上很多监理单位由于资金和管理观念的原因，其管理的信息化水平严重滞后，没有建立监理建设标准化信息化平台进行质量控制，从而对安全生产、进度、投资监督等核心工作进行管理，还在使用传统的方式进行记录、文件传输和现场监督等，不能及时更新监理的方法与技术，更没有想到引进、运用先进的监理技术，以提高自身的专业水平和能力，现有的监理技术及方法已经不能适应社会的高速发展、市场经济的要求。高校是新技术新思维的集中之地，信息化管理也处于领先行列，落后的监理水平自然对高校的基建管理带来管理结果的不准确，从而影响高校基建项目的顺利实施。

第三节　工程监理的精细化管理措施

监理工作的优质、高效开展，不仅可以切实保证工程质量、安全，还可以推进工程的进展，提高投资效益。如何依法落实工程监理的管理措施，创新工程监理管理策略，落实监理单位的质量、安全的监督责任，满足高校获得最大效益，是高校基本建设管理者所面临的新课题。

一、完善监理管理措施

高校基建管理涉及招投标、勘察设计、施工等多个环节，内容多、时间长、技术门类多而且要求高，需要多工种、多技术人员的配合，监理就是为业主方提供技术咨询服务，其管理直接影响工程质量、安全、进度、造价。国家相关法律法规意见对监理的工作职责、标准有了详细的规定，作为业主方的高校基建管理部门，首先要建立学校基建管理与监理单位的信息往来制度，做到学校对监理单位发放的通知、要求要及时落实到位，监理单位对学校的意见、建议也要及时回复处理，建立相互尊重的工作氛围；其次要建立监理管理的监督奖惩罚机制，对监理单位的履约情况进行监督，发现问题及时处理，对监理人员的不履职行为（例如：混凝土浇筑时未旁站、材料进场不按规定进行验收等行为）或违规违纪行为，要有处理办法，对监理提出的好的意见和建议要给予一定奖励，对监理人员敢于坚持原则、敢于与不良行为斗争的行为要给予鼓励。

二、择优选择监理单位

一个好的监理队伍对于工程项目的质量、进度、安全和造价有着举足轻重的作用。高校在选择监理队伍时，除严格按国家相关规定执行外，重点要考核项目总监的资质、技术水平、业绩、行业评价和监理团队配备的情况以及监理单位的服务质量、行业、业主的评价和主管部门对其的考核评价情况，在评标分值分配上要向这些方面做得好的倾斜；同时要约定好考核监理的方式以及奖惩制度，在监理取费上按市场经济的特征要求，要能够体现奖优罚劣，可以思考采用实施监理取费的基准价加酬金模式，即建设单位在招标时约定完成基本工程监理任务的监理费用基准价，监理单位在投标时自行根据其监理水平，承诺报酬金的浮动比率，此部分作为学校机动考核监理单位的依据[1]。要把对监理行为的规范的处罚和奖励措施，在招标时就给予约定。通过这样选择实力强、信誉好、负责任的监理公司及负责人，才能有利于提高监理管理质量和工程项目的建设质量。

三、监理的早期介入

学校在进行基本建设时可以让监理在全过程的不同阶段及施工环节早期就介入管理。监理工程师及早介入对设计进行服务，审查图纸是否与初设批准文件确定的相关要求，是否符合国家法律法规和相关技术规范要求，可以避免后期施工过程中所产生不必要的变更和索赔，也可以使监理工程师及时了解工程

---

[1] 韩国波.建设工程管理过程中的监理作用缺失问题及改进建议[J].建设监理，2014.

项目的特点和结构形式，以及各建筑物之间的关系等实际状况，便于后期监理工作的开展，做到有的放矢；通过编制招标文件和招标过程的参与，可以对招标过程的合法合规性给予建议，也可以使监理工程师了解项目合同及施工单位的基本情况，为后期的施工监理工作打下基础，可以预防一些可能引起日后变化的初始值及微小单元变化的问题，减少不必要的损失，确保工程项目优质、高效完成，用较少的投资达到工程项目的，使其发挥最大效益。

至于监理在建设工程项目的什么时间、什么阶段介入，各学校要根据项目的大小、技术的复杂程度和学校的具体情况而定。

四、加强监理团队的监督管理

（一）强化责任意识

学校在基建项目的实施过程中，要明确监理工作的各项任务和内容，作为业主要对其任务和内容进行认真细化，以便对监理单位进行监督，共同建立项目的监理管理办法，进一步明确双方职责和问题的解决机制等，签订《廉政建设共建协议》《安全生产治理目标责任书》等；督促监理队伍和从事项目现场监理的监理工作人员签订《监理人员工作责任书》《监理人员安全工作责任书》等文件，按照国家相关法律法规和合同约定从上到下层层落实每一位监理工作人员的工作具体职责和责任具体范围，及监理工作人员的奖励与处罚措施，从而有效规范监理的工作行为，提高全体监理从业人员的工作责任心，保证项目监理工作的正常开展。

（二）强化监理的行为规范

学校在进行监理招标和与监理单位签订合同时要尽量对监理委托合同中的有关监理人责任和义务进一步详细明确、完善，对工程项目的工期、质量、变更要求和现场的监理人数等需要完成的各项指标尽量数量化、标准化，让其具有实用性和可操作性。

在项目的日常管理工作中，在监理单位进场之初，就要严格督促监理单位必须按合同承诺的监理队伍的配置和人员数量目标及时到位，监理人员的更换也必须有相应的审批程序，同时学校基建管理人员要经常对项目监理现场工作人员的出勤状况和工作情况随时进行抽查，未经学校位同意，不得随意更换总监及现场监理。针对工程施工的不同情况，及时组织各类工作例会及现场工作会议,及时处理解决工程实施过程中的各种问题和矛盾,对于现场的监理人员,一旦被发现怠工、现场数据把关不严、上报数据有偏差、隐蔽工程和材料进场没有按规定组织验收等不负责任、不称职的情况,学校基建管理人员有权按合同约定要求更换监理人员,直至达到要求为止,对发现违法违纪的要及时制止,视其情况要上报主管部门进行处理。

对于工程项目施工周期较长的项目,在确保监理人员无缝对接的前提下,可以要求对监理人员进行定期轮换,这样可以减少因与其项目施工单位出现所谓"默契"而难于管理的问题,减少麻烦,同时监理人员也可以更好地开展工作,不会因为面子、关系等问题而影响项目管理的严肃性、公正性。

(三)健全监理管理的奖惩措施

监理合同是建立在项目业主和监理人双方互相信任的基础上的,其工作本身就是一种高智力服务,在有物质激励的同时,也不能忽略了精神鼓励。工程质量与监理工作有密切关系,学校作为业主方的管理人员不可能自始至终都在施工现场,虽然监理工程师的职责范围国家已经通过相关规定进行了明确,但在工作中还是要进行细化,比如日常质量、安全管理由监理工程师负责监督就行,涉及工程变更等经济和功能性的变化就要由监理工程师签字后,再由基建管理部门的现场代表按学校基建管理规定签字确认后才能执行。

在基建项目管理过程中,要信任监理人员,支持他们的工作,让监理人员感觉到学校的信任,从而尽职尽责地工作;要多听取监理人员的建议和意见,及时解决相关问题,给监理人员展示才华的机会。同时也可以采用奖惩措施进行监理责任的管理。由于监理的管理问题,造成工程延迟、投资提高甚至造成工程出现质量问题的,可以对其进行监理费用一定比例的抵扣(要根据实际影响工程的大小程度来制定扣款比例),情节严重的可以上报政府行政主管部门进行处理。同时,如果在项目管理过程中监理工作人员提出的建议和措施有利工程施工安全和质量、项目进度、工程造价等的,可以适当给予一定的奖励,这样不仅可以使监理工作人员提高自身管理控制能力,也能发挥其主观能动性,使其更好地为学校的基本建设服务。

五、监理管理信息化建设

高校是信息化管理的前沿阵地,所有的新技术、新管理理念在高校发展中都有所体现，高校的建设项目的建设管理同样离不开信息化，也可以促基建管理的精细化。目前很多高校都建立了各自学校的智慧信息系统，在项目监理单位的选择上就要求监理单位使用信息化管理，将监理工作的投资、合同、进度、质量等的控制及信息、安全管理和项目的组织协调等工作内容全部采用信息化管理，利用计算机的存储、交互及分析功能和利用移动 App 等工具，结合国家法律法规、行业标准及学校的建设要求，建立监理质量安全管理体系和日常检查、安全巡查、问题整改反馈平台和整改信息台账，也可以与学校管理系统相应对接，这样就可以方便监理单位将日常的项目监理所有监理行为体现在系统里，方便学校进行监控，可以提高工程管理质量。

第十章
建设项目勘察设计的精细化管理

第一节 勘察设计

建设工程勘察、设计在工程项目的建设实施过程中占有重要的地位和作用，它的质量高低直接决定工程建设项目的质量好坏，是工程项目建设过程中的重要环节，是工程建设前期的关键部分。国务院《建设工程勘察设计管理条例》中明确对建设工程勘察设计做了解释："建设工程勘察，是指根据建设工程的要求，查明、分析、评价建设场地的地质地理环境特征和岩土工程条件，编制建设工程勘察文件的活动。建设工程设计，是指根据建设工程的要求，对建设工程所需的技术、经济、资源、环境等条件进行综合分析、论证，编制建设工程设计文件的活动。"

一、勘察设计质量

项目业主是通过设计体现自己对建筑的构想和质量要求，而勘察是设计的依据，同时又指导项目的施工，勘察设计的质量，会直接影响工程项目的功能使用价值和投资效益，而且关系着财产和生命的安全。

勘察质量就是在严格遵守法律法规、技术规范的基础上，对工程项目的地质条件做出及时、准确的评判，通过技术手段，正确处理资源和环境条件对项目实施制约，使设计的项目能充分满足业主的需要，能最大限度地发挥项目投资的效益。

设计的质量有两层意思：一方面设计必须要满足业主所需的功能和使用价值，符合业主投资的目的，而业主所需的这些功能和使用价值，又必然要受到资金、技术、环境等多因素的制约，从而使项目的质量目标与水平受到一定限制；另一方面设计必须遵守规划、环保、安全等一系列的技术标准规范、规程，这是保证设计质量的基础。[①]

二、勘察设计管理

勘察设计管理就是对勘察设计的质量进行控制管理，其核心任务是进行项目投资、进度、质量、安全等目标的控制，以保障工程项目安全可靠，提高其适用性和经济性。国内外对项目实施阶段节约投资的潜力研究表明，勘察设计阶段节约投资的潜力均在10%以上，设计准备阶段可达95%。[②]勘察资料不准确会导致采用不适当的地基处理或基础设计，使得工程的成本增加或结构基础存在隐患。设计不完善或质量低不仅导致工程无法满足质量要求和使用功能，还会导致经济损失和廉政风险。勘察设计不能按计划进度完成，会直接影响到整个工程的投资进度和质量等建设目标的实现。因此，勘察设计的管理，对勘察设计的工作质量进行控制，是建设工程管理的重点之一，是实现建设工程项目管理目标的有力保障。

建设工程勘察、设计的质量管理工作不单纯是对其报告及成果的质量进行管理，而是要从整个社会发展和环境建设的需要出发，对勘察、设计的整个过程进行控制，包括它的工作程序、工作进度、费用及成果文件所包含的功能和使用价值，其中也涉及法律、法规、合同等必须遵守的规定。

建设工程勘察、设计的质量管理的依据是：

（1）有关工程建设及质量管理方面的法律法规，城市规划，国家规定的建设工程勘察、设计深度要求。

（2）有关工程建设的技术标准，如勘察和设计的工程建设强制性标准规范及规程、设计参数、定额、指标等。

（3）项目批准文件，如项目可行性研究报告项目评估报告及选址报告。

（4）体现建设单位建设意图的勘察、设计规划大纲纲要和合同文件。

（5）反映项目建设过程中和建成后所需要的有关技术、资源经济、社会协作等方面的协议数据和资料[③]。

[①] 连显跃. 建筑工程设计项目过程质量控制方法及应用[D]. 郑州：郑州大学, 2007.
[②] 陈益群. 设计监理控制工程项目相关的探讨[J]. 施工技术, 2005（12）：36-37.
[③] 吴东荣, 申哲奎. 工程勘察设计阶段的质量控制[J]. 黑龙江交通科技, 2006,（07）：73.

第二节 勘察管理的精细化

工程勘察是一项技术性、专业性很强的工作，搞好建设项目的工程勘察管理就要求高校的基建管理人员不仅要知晓工程勘察的有关专业知识和国家相关的法律、法规、规范，还要对工程勘察的工作特点和操作方式有所了解，按照相关规范要求对工程勘察质量影响因素的相关环节进行检查和过程控制，以保证工程勘察工作符合工程建设的质量整体要求。

一、择优选定勘察单位

按照国家发改委和建设部的有关规定，凡在国家建设工程设计资质分级标准规定范围内的建设工程项目，建设单位均应按照相关招投标程序委托具有相应资质等级的工程勘察单位承担勘察业务工作。在《工程建设项目勘察设计招标投标办法》中明确规定："勘察设计评标一般采取综合评估法进行。评标委员会应当按照招标文件确定的评标标准和方法，结合经批准的项目建议书、可行性研究报告或者上阶段设计批复文件，对投标人的业绩、信誉和勘察设计人员的能力以及勘察设计方案的优劣进行综合评定"，"招标人可以依据工程建设项目的不同特点，实行勘察设计一次性总体招标；也可以在保证项目完整性、连续性的前提下，按照技术要求实行分段或分项招标"。

学校原则上应将整个建设工程项目的勘察业务委托给一个勘察单位，根据项目的环境实际情况，也可以根据勘察业务的专业特点和技术要求分别委托几个勘察单位。在对勘察单位进行选择时，评标分值要向其资质、技术管理制度、质量管理措施、勘察人员配备情况、业绩和信誉等方面倾斜，在招标条件设置中要详细明确相关要求，选择技术能力强、业绩与信誉佳、服务好的勘察单位来进行项目的勘察工作。

二、严格审查勘察工作方案

工程勘察单位在进行项目勘察之前，要按照各勘察阶段的工作内容和深度要求，根据有关法律法规和规范规程的要求和拟建工程项目的特点编制勘察工作详细方案。勘察工作方案是勘察单位开展勘察工作的具体实施方案，是体现勘察单位勘察水平及能否完成勘察工作的依据，也是学校基建管理人员和监理工程师对勘察单位监督管理的依据之一。学校的基建管理人员和监理工程师要按照国家法律法规和相关技术规范对勘察工作方案进行认真审查，重点对勘察工作方案是否符合合同约定，是否符合设计要求，勘察点、线、网的布置是否合理，勘察孔的数量、深度是否满足设计和规范要求，勘察手段、方法及程序是否具有合理性，勘察重点是否符合勘察项目特点，技术与质量保证措施是否健全，配备的勘察设备和人员安排是否合理，勘察工作方案是否由项目负责人主持编写，勘察单位技术负责人是否审批、签字和加盖公章。

三、加强管控勘察现场作业的质量

勘察工作期间，现场管理是非常重要的环节，如果勘察单位的现场工作人员不认真或者失误，会使数据不正确，导致勘察结论的不真实。学校的基建管理人员和监理现场工程师要督促项目勘察单位按照既定的方案和相关的技术标准、规范、规程进行勘察的相关工作。重点检查现场作业人员的重要岗位是否实施持证上岗，现场工作是否严格按勘察工作方案及有关操作规范和规程要求执行，是否留下原始印证和记录，原始资料取得的方法和手段是否科学、合理，记录表格是否按要求认真填写，是否有人检查和复核，勘察仪器设备和试验的管理程序是否合理，现场的钻探、取样设备是否通过相关检测，项目负责人在作业现场督促检查的情况等，以确保所有勘察资料与现场相符，资料真实、可靠。同时还要及时协调勘察单位与设计单位的关系，相互沟通，以保证向设计单位提供的勘察成果符合要求。

四、认真审查勘察成果的质量

勘察成果的准确性将直接影响设计工作，影响工程造价，提供准确高质量的勘察成果，是勘察工作的核心价值，只有准确详尽的勘察成果才能给设计、施工提供有效的参考依据，勘察最终成果的审核与检查是勘察质量管理的最后控制手段。

勘察成果的审核与检查要严格根据国家有关工程勘察成果检查验收的相关规定，要重点检查工程勘察资料、图表、报告等文件要依据工程类别是否按有关规定执行各级审核、审批程序，并由负责人签字；工程勘察成果是否齐全可靠，是否满足国家有关法规及技术标准和合同规定的要求[①]。还要详细审查报告中针对勘察场地的工程地质条件和地质问题情况，提出的解决问题的具体建议和对基础、边坡等工程的设计准则和岩土工程施工的指导性意见，要认真结合工程设计，施工条件，以及基础处理、开挖、支护、降水等工程的具体要求，组织相关专业人士对其进行科学的技术论证和评价，以保证方案科学、合理，为设计和施工提供可靠的依据，从而更好地服务于工程建设的全过程。

五、落实勘察技术后期服务保障

按照勘察文件交付后，根据工程建设的进展情况，学校基建管理人员及时督促勘察单位做好工程项目设计和施工阶段的勘察配合及相关项目的验收工作，对施工过程中出现的地质问题要及时进行跟踪服务，做好回访和监测。特别对验槽、基础工程和项目竣工验收等工程进度中的工作要及时参加，对地基基础有关的工程问题要及时处理，这样才能确保整个工程建设的总体目标得以按计划实现。同时还要注意是否有勘察人员和监理等人员相互勾结，提高地质处理要求，造成投资增加。在工程项目完成后，学校基建管理人员要督促和检查勘察单位技术档案的移交情况，必须将全部资料，特别是质量审查、监督等工作的主要依据的原始资料，全部完整地按工程档案要求分类编目，按相关要求归档保存。

第三节　设计管理的精细化

设计管理作为建设工程项目管理的龙头，是学校基建管理的重要组成部分，设计是建设工程项目进行施工的直接依据，也是工程项目质量、进度、安全和投资等目标能否实现的关键因素，做好设计工作的精细化管理工作，是提高工程设计质量，确保建设项目建设效益和效率的基础。

一、择优选定设计单位

优秀的设计团队是优秀工程设计成果的前提，是确保工程设计质量的关键

[①] 谢延友. 甘江沟提灌工程勘察阶段质量控制研究[J]. 矿山测量，2013（02）：3.

措施之一，控制设计质量首先就必须选择信誉良好的设计单位和优秀的设计团队。国家对从事建设工程设计活动的单位，实行资质管理，《中华人民共和国建筑法》《建设工程勘察设计管理条例》均有明确规定："对从事建设工程设计活动的专业技术人员，实行执业资格注册管理制度，建设工程设计单位应当在其资质等级许可的范围内承揽业务"，在《工程建设项目勘察设计招标投标办法》中明确规定："勘察设计评标一般采取综合评估法进行。评标委员会应当按照招标文件确定的评标标准和方法，结合经批准的项目建议书、可行性研究报告或者上阶段设计批复文件，对投标人的业绩、信誉和勘察设计人员的能力以及勘察设计方案的优劣进行综合评定"

学校在选择设计单位时要重点考察设计企业的资质状况、行业信誉、专业技术团队情况（有多少一级注册建筑师、一级注册结构工程师等，专业结果好不好，高级职称多不多等）、公司的业绩情况；项目负责人的专业能力、职称、业绩和行业信誉等；在项目上配备的专业团队的实力情况等。招标文件中本着公平、合理原则，条件设置中要详细明确相关要求，评标分值要向这些方面倾斜，选择技术能力强、业绩与信誉佳、服务好的设计单位来进行项目的设计工作。

二、细化设计任务书

设计任务书是甲方给设计单位的设计目的、要求、内容等项目的工作介绍，是设计单位完成甲方委托的设计任务的依据。学校基建管理部门要对设计单位提出真实、可行、详细、可靠的设计任务书，设计单位才能依据国家相关法律法规和设计规范设计出学校所需要的作品。

（1）根据学校发展规划需求和经主管部门批准的校园总体规划要求，对建设项目使用功能、建设地点、建设规模、外观等进行系统综合考虑，尽量做到准确和可操作性，这样才能针对建设项目制定出准确有效任务书。

（2）会同学校的使用单位，根据使用单位的需求和学校的实际情况，共同研究，提出具体的建设规模、标准、功能需要及其他特殊的要求。学校的建设包括教学楼、实验楼、图书馆、食堂、学生公寓、体育运动设施等众多功能类型项目，又有多个专业院系，各个专业院系由于专业特性的不同，其需求是不一样的，只有跟各使用单位进行详细沟通了解，才能把握好设计任务书的关键细节，使其具有明确的实用性，避免出现修建后不能或不好使用，修建好后就改造从而造成投资浪费的情况。如学生公寓的建设，可以通过对学生进行问卷调查或外出参观学生宿舍修建得好的学校等方式了解细致的建设需求和经验教训,如房顶是否需要增设蚊帐钩、电源和网线插座的位置及多少等,对实训室和教学楼可以参考以下清单,全面进行一次性调查(如表10-1所示)。

表10-1 某大学工程项目专业需求分布表

建筑	结构	强弱电	给排水	暖通	装饰要求	其他
房间名称、数量、人数/间每间的使用面积	设备重量及位置设备是否震动大特殊地面要求	总用电量弱电要求	上下水位置是否循环水	通风要求、是否有害气体产生及种类是否有隔音要求	地面墙面顶面	

(3)不要随意更改设计任务书。经过仔细研究确定的设计任务书,没有特别的变化,一般不要随意变动,否则不仅会使设计人员一直处于修改的疲劳状态,降低设计质量,也会导致建设周期延长和影响工程造价。学校很多使用单位内大多是些非专业人士,常常会认为改动一下设计是很简单的事,却不知道会一个小小的变化需要多个设计人员多次分析修改才能完成。因此,使用部门在提出具体建设需求时,要仔细调查、细致研究后才能提出,并要签字盖章固化留底保存。

(4)准确提供地形图、地下管网情况等基础资料。一些学校历史久远又经历了多次校区的改造和整合,管网等基础资料杂乱,有些甚至无从找起,必须尽力查找和整理分析,必要时还需求助于专业单位和当地的城建、规划等部门,完善后要保存以备以后查阅。

三、重视设计质量

在设计管理方面有的大型房产商有着丰富的管理经验,高校的基建管理人员可以多参观学习,借鉴设计管理程序和流程,完善学校的设计管理,可以聘请独立的第三方设计人员或者委托监理公司提前介入,参与设计全过程管理,让设计师的设计交底不要流于形式。

据统计,虽然设计费用在整个项目过程中只占据一小部分(约为2%左右),但其对工程造价的影响却可以达到75%左右。在尽可能采取在约定钢材消耗量、单方造价和总投资等的前提下,按国家相关设计规范设计的限额设计方式委托设计，在设计完成后，先由学校基建管理部门内部对照设计任务书组织相关专家或者第三方设计院对其设计方案的经济技术指标进行科学比较和分析来优化，进行审核后，对使用部门讲解各项设计的具体考虑，征求意见后，再要求设计单位对设计进行补充完善，做到经济和技术的有机结合，达到有效控制工程造价，最终达到质量安全可靠、工程造价科学合理的目标。

同时严格按相关技术规范和施工现场情况及时检查图纸的完整性，防止图纸设计不完整、设计深度不够，从而减少项目实施过程中因为设计变更而导致的工程造价增加，减少与施工单位的争议。如×学校××工程原招标挡墙设计图纸无地勘及原始地面图资料做的挡墙设计中，设计图纸中只有平面图和一个标准断面图，无立面、剖面以及挡墙尺寸图纸，导致无法精确计量，现场施工时出现严重的超量、超概情况。

针对学校改造项目中往往会由于缺乏现状地形图和原始竣工图以及学校强弱电线的杂乱，导致改造项目出现不可控的局面。前期只能要求设计和第三方咨询公司加大对现场不可控制因素的预估。比如说需要移栽树木的数量、规格、尺寸；井盖的升降数量及做法；路灯的移动个数和规格；等等。设计单位必须把对应可明确的工程量标示出来，便于后期的施工管控。

四、推行限额设计

限额设计是指在针对工程项目进行设计的过程中，依照经过批准的可行性研究报告以及工程整体投资估算，确定初步设计，然后提交给有关部门进行审批，有关部门批准后结合设计总概算额度，对技术设计以及施工图设计进行明确，在充分保证工程项目使用功能和安全性能的前提下，依照相应的投资限额进行设计，尽可能避免出现设计变更的问题，以此实现对于总投资额度的有效控制。一般情况下，限额设计的指标需要在初步设施实施前，由总设计师提出方案，经主管领导审核批准后下达通知，需要依照可行性研究报告和投资估算原值进行控制[①]。高校在进行基本建设的过程中，根据项目规模的大小和功能、结构的复杂程度，在设计管理过程中，通过合同、协议、纪要等多种方式，按照限额设计的相关要求进行设计，以便有效地控制整个项目的工程投资。

---

① 高增元. 从限额设计角度谈工程造价控制的实际应用价值分析[J]. 城市建筑，2020.17（26）：187-188.

五、图纸会审及变更管理

图纸会审就是指建设单位组织监理单位、施工单位等项目实施和服务单位相关单位进行全面细致的熟悉和审查施工图纸的活动,它是工程施工开始前必须要进行的程序之一。由于市场的变化和技术的进步及每个人专业技术的局限性,在建设项目施工过程中设计人员还要根据工程具体实际对设计图纸不断地进行改进和完善,图纸会审的目的就是加强工程项目参与实施各方对施工图纸的熟悉和理解,对不清楚、有问题的地方进行沟通和完善。

高校基建管理部门一定要重视图纸会审,提高图纸会审质量,一方面要求地勘、设计、监理、施工、过程控制等单位和学校基建管理的各专业工程师全部参加项目的图纸会审;另一方面在施工图纸会审会前,提前要求工程现场管理人员和施工、监理、过程控制等单位认真审阅施工图,了解设计意图,这样在图纸会审时通过设计交底,各单位相互交流后,才能把在设计图纸中的问题查找得全面,对不合理的地方才能做到合理地修改调整,对不清楚的地方进一步明确。同时还可以有效地避免有些施工单位提出不合理的设计变更,也可以共同对设计方案和施工方案的优化提出建议。

严控设计变更和签证,在施工过程中,学校的基建管理人员要随时到施工现场检查监理单位和施工单位的工作情况,掌握施工动态,协调好各方关系,使用部门提出的建议有利于工程建设或施工现场的实际情况等确需调整设计时,必须会同设计单位、施工单位及监理单位进行仔细研究,由学校基建管理部门按学校的设计变更和签证管理办法的有关规定核实,由设计单位签发设计变更通知书后方可实施,未经设计单位和学校基建管理部门同意,均不能对施工图纸进行修改、变更。

第十一章
建设项目施工过程的精细化管理

工程建设实施过程中的施工过程的精细化管理，就是加大项目实施过程组织管理的科学性，通过优化组织，提高质量、控制投资、减少投资风险、防止腐败，充分发挥投资效益，确保师生的教学、科研、生活需要。

第一节 施工质量管理

一、施工质量管理的内涵

（一）施工质量管理的概念

我国国家标准 GB/T19000—2000 对质量管理的定义是：在质量方面指挥和控制组织的协调的活动。建设工程质量简称工程质量，是指工程满足业主需要的，符合国家法律、法规、技术规范标准、设计文件及合同规定的特性综合[1]。建设工程是一种特别的产品类型，具有不仅一般产品所具有的质量特点，除寿命、性能、可靠性、经济性等满足社会所需要的价值等属性外，它还具有特定的内容，这是由建设工程本身和建设生产过程的特点决定的。

施工质量管理是指工程项目在施工和验收阶段，指挥和控制工程施工组织关于质量的相互协调的活动，使工程项目施工围绕着使产品质量满足不断更新的质量要求，而开展的策划、组织、计划、实施、检查、监督和审核等所有管理活动的总和[2]。

---

[1] 张继民. 建设工程项目施工质量控制研究[D]. 北京：北京交通大学，2010.
[2] 侯瑞. 关于建筑工程质量和进度管理的探讨[J]. 门窗. 2015，（05）：66.

(二)高校基建项目施工质量管理的特点

由于建筑工程具有自身的特点,其质量也就有特殊之处,如受影响的因素多、波动幅度大、终检有一定局限性、评价的方法特殊等,也导致建筑工程的施工质量管理具有特殊性。

1. 复杂性

建设工程项目的施工周期长,时间跨度大,涉及单位多、人员多,有学校、施工、勘察设计、监理、工程咨询等多个参与单位,学校内部又涉及基建、后勤、财务等多部门,还有政府很多职能部门,关系相当复杂,因此施工质量管理受外界影响因素多,而且又是多个阶段和部分有机组合而成,其中任何一个阶段或部分出问题,整个项目都会受到影响。

2. 创造性

学校是教书育人的地方,它的主业是教育,不是建设,而且每个建设项目都是一次性的,因此其对施工质量的管理就谈不上有很多的经验,作为学校管理者在基本建设的项目决策和实施过程中,必须利用前人和别的学校的建设经验,从学校自身的实际出发,结合项目的情况,创造性地开展工作和处理、解决工程项目的实际问题,才能搞一次建设,立一次丰碑,让学校的基本建设为其发展更好地服务。

3. 可变性

高校的建设项目都是在一定时间完成相应的工程建设任务,不是每个时间阶段都有建设项目,所合作的项目实施单位是变化的,管理的团队是变化的,因此在项目施工质量管理中,在满足国家相关法律法规和规范的前提下,要根据实际情况调整管理方法和手段,以保证工程质量。

(三)高校基建项目施工质量管理原则

我国工程建设实行"政府监督,建设方和社会服务机构监控、施工方自控"的质量管理与保证体系[1],即:施工单位的自控;建设单位、监理单位、过程控制单位、检测单位等的监控;政府和社会的监督。高校的基建项目施工质量管理一方面要与监理单位一起按照《建筑工程施工质量验收统一标准》等标准,

---

[1] 黎明. 市政路桥工程现场施工管理难点及对策的思考[J]. 住宅与房地产,2018,(06):112.

主要针对建筑工程使用的材料、半成品、成品、建筑构配件、器具和设备进行现场验收，凡涉及安全、功能的有关产品应按各专业工程质量验收规范规定进行复验，并应经监理工程师（建设单位技术负责人）检查认可对各工序按施工技术标准进行控制，每道工序完成后都应进行检查，同时严格把关相关各专业工种之间的交接检验，并形成记录[①]；另一方面对监理单位按照相应管理规范进行严格要求，督促他们加强对施工单位的质量控制管理。学校的基建管理部门在对学校的建设项目施工过程实施管理中必须要坚持以下原则：

1. 质量第一

建设工程的施工质量不仅关系到工程项目的适用性和投资效果，而且还直接影响到学校师生的生命财产安全。学校基建管理部门在学校的基建项目进行进度、安全、质量和效益等目标管理的同时，要正确处理四者关系，坚持"质量第一"的基本原则，切实搞好学校的基本建设项目，为学校负责、为师生负责、为自己负责。

2. 以人为本

人是建设工程项目的决策者、管理者和受益者。工程建设过程中各个单位、部门和岗位工作人员的工作态度和专业水平，都会直接或间接地影响工程质量效果。在工程项目施工过程的质量管理控制中，必须要坚持人为核心，重点把控工作人员人的基本专业素质能力和其的行为能力，充分发挥他们的主动性、自律性和创造性，提高建设项目管理人员的责任感，确保工程项目的质量。

3. 预防为主

工程项目施工过程的质量控制必须是积极主动的，要首先对可能影响施工质量的各种内因和外因都要提前有所预判，并做好解决方案，出现问题后可以及时处置，如果消极被动地等出现质量问题后再亡羊补牢，就会造成不必要的损失。所以，对工程项目施工过程的质量管理要以预防为主，重点做好事先和事中的控制管理，加强建筑施工过程和中间相关产品、特殊分部工程、关键部位等重点项目的质量检查和管理，才能整体搞好建设工程的施工质量管控。

4. 坚持质量标准

建设工程的质量标准和要求国家在《建筑法》《建设工程质量管理条例》《建

---

① 高建杰. 浅谈主体工程质量技术管理的措施及检测[J]. 科技与企业，2013，（16）：24-25.

筑工程施工质量验收统一标准》(GB 50300—2013)等国家法律法规及规范中有明确的规定,在甲乙双方的合同约定中也有相应的评价产品质量的标准,建设工程的质量是否符合国家相关规定和合同规定的质量标准要求,必须通过合法的检验、检查并严格对照相应的质量标准,符合标准要求的才是合格产品,否则就必须重新处理,直到合格,不能减少和降低标准,只有这样才能有效保障施工质量。

5. 良好的职业道德规范

在建设工程施工过程质量控制管理中,基建管理人员的基本素质是关键因素之一,没有良好的职业道德是不能搞好质量管理的,只有加强从业人员的教育管理,坚持科学、公正、守法的职业道德规范,尊重科学、事实,遵纪守法,才能公正、客观地进行处理工程施工管理过程中的各种问题,确保项目的顺利进行。

二、高校在工程质量管理中的责任和义务

在建设工程项目的质量管理过程中,根据国家颁布的《建筑法》《建设工程质量管理条例》《建筑工程五方责任主体项目负责人质量终身责任追究暂行办法》等相关法律法规以及合同、协议及有关文件的规定,参与工程建设的各方都要承担相应的质量管理责任。而高校作为建设单位业主方,在《建设工程质量管理条例》中明确规定其质量管理的责任和义务为:

(1) 对工程质量承担全面责任,不得违法发包、肢解发包,不得以任何理由要求勘察、设计、施工、监理单位违反法律法规,其违法违规或不当行为造成工程质量事故或质量问题应当承担责任。应当依法对工程建设项目的勘察、设计、施工、监理以及与工程建设有关的重要设备、材料等的采购进行招标。应当将工程发包(不得将建设工程肢解发包)给具有相应资质等级的单位。不得迫使承包方以低于成本的价格竞标,不得任意压缩合理工期;不得明示或者暗示勘察、设计、施工、监理违反法律法规和工程建设标准,降低工程质量。

(2) 必须向有关的勘察、设计、施工、工程监理等单位提供与建设工程有关的原始资料,并且原始资料必须真实、准确、齐全。施工图设计文件按国家国务院行政主管部门规定的审查具体办法,审查批准后才能使用,施工图设计文件未经审查的,不得使用。涉及建筑主体和承重结构变动的装修工程,建设单位应当在施工前委托原设计单位或者具有相应资质等级的设计单位提出设计方案;没有设计方案的,不得施工。房屋建筑使用者在装修过程中,不得擅自

变动房屋建筑主体和承重结构。

（3）实行监理的建设工程，应当委托具有相应资质等级的工程监理单位进行监理，也可以委托具有工程监理相应资质等级并与被监理工程的施工承包单位没有隶属关系或者其他利害关系的工程设计单位进行监理。

（4）建筑工程开工前，负责办理有关施工图设计文件审查、工程施工许可证和工程质量监督手续，组织设计和施工单位认真进行设计交底。

（5）按照合同约定，由建设单位采购建筑材料、建筑构配件和设备的，建设单位应当保证建筑材料、建筑构配件和设备符合设计文件和合同要求，不得明示或者暗示施工单位使用不合格的建筑材料、建筑构配件和设备。

（6）收到建设工程竣工报告后，应当组织设计、施工、工程监理等有关单位进行竣工验收。建设工程竣工验收应当具备下列条件：完成建设工程设计和合同约定的各项内容；有完整的技术档案和施工管理资料；有工程使用的主要建筑材料、建筑构配件和设备的进场试验报告；有勘察、设计、施工、工程监理等单位分别签署的质量合格文件；有施工单位签署的工程保修书。建设工程经验收合格的，方可交付使用。

（7）应当严格按照国家有关档案管理的规定，建立建筑工程各方主体项目负责人质量终身责任信息档案，及时收集、整理建设项目各环节的文件资料，建立、健全建设项目档案，并在建设工程竣工验收后，及时向建设行政主管部门或者其他有关部门移交建设项目档案。

三、施工质量管理的措施

基建项目的施工质量管理是基建管理的重要管理内容之一，其管理水平直接影响建设项目的质量、安全、进度和投资效益，加强对基建项目的施工质量的精细化管理能有效预防质量缺陷发生，确保工程质量和进度，提高学校建设项目的效益。

（一）落实质量管理制度建设

按照《建设工程质量管理条例》（国务院令第279号）、《建筑工程五方责任主体项目负责人质量终身责任追究暂行办法》（建质〔2014〕124号）等法律法规的相关规定和要求，根据工程项目的实际情况以及特征，建立和完善适用性强的工程项目施工质量的管理体系。首先要加强对基建管理人员质量管理意识培养和相关规范的学习，制定学校甲方现场代表工作规范，约定甲方现场代表的工作职责、现场管理权限和工作规范，及时处理在施工质量管理过程中的问题；其次基建管理部门要建设督促监理单位、施工单位及过程控制单位建立运行有效的质量保证体系，落实各自的质量管理责任制；再次制定质量奖惩措施，通过组织工程联合检查、观摩会等形式，随时检查项目实施单位的履约情况，落实质量管理的奖惩，保障工程施工过程中质量管理和控制工作能够及时并且是到位的；最后还要适应社会的进步和发展，多学习先进的质量管理模式和建筑业的新技术、新工艺，适合学校项目的要积极引用。

（二）严格工程现场人员管理

建设项目的施工质量的把控和管理是要靠人去实施和落实的，管理人员的素质高低，会直接影响施工质量安全与否。学校要选用具备专业技能、管理经验、沟通协调能力、责任感、工作积极性、懂规矩等综合素质的基建管理人员负责现场管理，加强项目管理甲方团队的业务培训，制定甲方现场代表工作规范和质量管理流程，熟悉施工流程以及质量监管要点，给具体监管工作提供依据，在现场管理中要充分遵循相关法律法规，实现实际工程质量监管的科学性与合理性，依据正确的行业标准执行学校的权益，切实维护工程施工质量标准。

施工单位是建设项目质量工作的实施主体，他们管理的水平是施工质量的关键，要加强对施工单位现场施工管理人员的监管，及时检查落实项目技术、质量、安全等各类管理人员按国家法律法规的规定和合同约定的到位情况，特别是项目的项目经理和技术负责人，随时督查他们工作的合法、合规性和操作的正确性，发现问题及时处理。

监理单位受学校委托，负责质量管理服务，要严格按照监理规划和实施细则等对照检查监理单位的工作情况，严格按照招投标文件和合同约定的人员和驻现场时间，随时检查落实监理的总监和现场监理工程师等管理人员的情况，明确奖惩措施，考核相应人员的履职情况，发现问题及时解决，对不负责任或吃、拿、卡、要等行为要发现一起处理一起，直至要求监理单位更换人员和上报政府主管部门处理，这样才能有效保障工程质量的提升。

（三）加强建筑材料的质量管理

对建设工程项目的工程设施设备及建筑材料等的质量、经济关的控制，首先要建立工程施工材料的质量管理制度，包括材料的选用标准和方法、材料进场检验制度、材料认质、认价制度、现场材料的加工质量管理办法及材料现场管理办法等，并要严格执行落实国家规定和相关制度，及时严格处理发生的问题。

要严格守住进场检查、检验关口。学校基建管理部门的技术人员要组织好进场设施、设备和材料的查验工作，按照国家规定和招标要求、合同约定的品牌及质量标准对其按批量进行合格检查，监理单位负责进场设施、设备和材料的报验和抽检工作，必须按照国家规定、设计要求和合同约定，对进场所有工程设施设备和材料进行核查，及时收集好涉及材料的各种备案资料，并按相关规范要求进行批量送检及见证取样，做好检查记录。

基建管理部门、施工单位和监理单位要对施工用的设施、设备和材料共同进行市场调查，要从质量可靠的供应商采购施工材料，尽量采用当前市场流行面广的大众品牌，新出现的或小品牌使用要小心；要加强施工材料质量检测验收，共同检验进场的材料、设备，需要认质、认价的材料要严格实行认质、认价的相关制度，属于法定检测事项的，还必须严格依法委托有相应专业机构进行检验。不合格的材料不允许被运往施工现场，已经进场的必须要求施工单位将材料退场；要加强施工现场的材料管理，做好防潮防水等保护工作，以保证材料综合性能。

同时作为业主的高校基建管理部门要严格执行国家法律法规的规定：不得以任何方式要求施工单位使用不合格或者不符合设计要求的建筑材料、建筑构配件和设备；也不能违反合同约定，指定承包单位购入用于工程建设的建筑材料、建筑构配件和设备或者指定材料生产厂、供应商。

（四）施工质量的过程监管

学校的甲方现场代表、监理工程师、过程控制单位及施工等单位的管理人员共同严格按相关技术规范对工程质量进行过程监管，除加强常规的巡视与旁站、见证取样与平行检验、工程实体质量控制、混凝土质量控制、监理通知单、工程变更控制等具体管理手段外，还必须要以预防为主，加强管理体系审查、方案审查、过程检查、资料检查等管理措施，提早检查，发现问题，及时处理，特别是工程主要部位和隐蔽部位的质量监督，要全天候安排专业人员对此进行严格检查、抽查；要坚持"样板—检查核实—优化方案—大面积实施"的实施顺序，也就是先做工艺、质量要求的标准样板，经核实优化后，再进行大面积的实施；要坚持上道工序检验不合格，不得进行下道工序。

对于在实施过程中发现的质量问题，要及时按规定处理，该返工的就返工，该撤除的就撤除,不得有半点妥协,根据具体情况如经过整修等措施后就可以达到质量要求的用返修处理,如危及结构承载力的就要采用加固安全处理,如工程质量经返修、安全加固处理后仍然不能满足有关规定的就必须返工处理。学校作为业主单位不能以任何形式要求设计或施工单位违反工程建设管理的强制性标准和要求,降低建设工程质量,也不能以任何方式要求检测机构出具任何虚假报告。

(五) 隐蔽工程检查、验收和签证

隐蔽工程就是施工完成后便隐蔽起来的施工内容,其大部分是基础、结构及暗埋的管道等工程项目[①]。隐蔽工程在整体工程竣工后不便于验收,若出现缺陷,返修及补救难度大或造成严重的安全隐患,且其检查、验收、签证记录是竣工验收和工程决算的重要依据,直接关系到建设项目的质量、安全和造价。

我国《合同法》对隐蔽工程的检查和验收做了专门规定:"隐蔽工程在隐蔽以前,承包人应当通知发包人检查。发包人没有及时检查的,承包人可以顺延工程日期,并有权要求赔偿停工、窝工等损失。",隐蔽工程实施完成后,由施工单位自检合格后先把相关资料报送监理单位并通知监理工程师现场检查,监理工程师按照相关的设计要求和有关规范规定,对其质量等情况进行认真细致的检查核实,核查合格确认后及时通知学校基建管理的现场代表再次进行现场检查核实。对于工程关键部位、特殊设计或者设计变更较大的等隐蔽项目,学校基建管理的现场代表还要及时按规定召集设计、地勘、质检和过程控制等单位及相关人员共同检查核实签证。

隐蔽工程的施工要严格执行先检查、验收、签证,合格后再进行下一步施工的制度。对于主体交叉作业要分层、分项验收;专业工程和主体工程在施工完成后,必须由学校、设计、施工和监理等单位会同质监部门共同检查验收,认定是否合格,办理验收签证,做好验收记录后,才能进入下一道施工工序的实施,对违反程序的单位和个人要严格按规定及时处理。同时对工程重要部位要做好技术备案,及时督促施工单位、监理单位做好资料完善。

(六) 工程竣工验收

工程竣工验收是工程项目建设过程中的重要阶段,也是对工程项目的质量

---

① 何玉玺. 浅谈基建项目管理[J]. 中国市场. 2010,(09): 5.

进行评定的重要环节。学校的建设工程项目依照国家法律、法规及工程建设规范、标准的规定完成设计要求和合同约定的全部内容，并已达到竣工验收的相关标准后，学校基建管理部门牵头，会同学校的财务、审计、资产管理部门与项目的设计、施工、监理、过程控制等单位，对建设项目整体是否符合设计和学校的要求以及施工质量等进行全面检查，审核竣工合格资料、数据和凭证等文件，并按照规定将竣工有关资料文件报送主管部门备案。

高校基建管理部门在进行工程竣工验收时应注意以下内容：施工单位是否按规定完成设计和合同约定的各项工作内容，是否在项目完成后对工程质量状况进行了全面检查，工程质量是否符合国家法律、法规和行业标准及设计要求及合同约定；施工单位提交的工程竣工报告是否完整，是否有其项目经理和有关负责人签字审核，是否有勘察、设计、监理等单位有关负责人审核签字；是否有完整的施工技术档案和施工管理资料，是否有工程使用的主要建筑材料、构配件和设施设备的试验检查报告和工程质量检测及功能性试验相关资料；各相关专项检查验收是否合格；学校基建管理部门及工程质量监督机构等单位责令整改的问题是否全部整改完毕；是否有施工单位签署的工程质量保修书；等等。

学校基建管理部门要严格遵守国家、省、市有关工程竣工验收的各项制度，组织项目使用部门、勘察、设计、施工、监理等有关单位进行竣工验收，只有按设计要求和合同约定完成全部工程项目内容并达到国家相关技术规范要求，方能进行正式竣工验收，未组织竣工验收或验收不合格的建设项目，不得变相转固或提前投入使用。同时要严格按照国家有关建设工程档案管理的相关规定，建立学校建筑工程实施各方的负责人质量责任的必要基本资料及技术档案，及时准确、完整收集和整理建设项目实施过程中的各种信息，各种资料要做到资料完整、准确、规范，在完成竣工验收后，及时向政府建设行政主管部门和学校档案管理部门移交建设档案，按规定组织学校资产管理部门和使用部门等进行项目交付使用的相关工作，并安排落实好保修期的工程项目的维保工作。

第二节　施工进度控制管理

一、施工进度控制管理内涵

施工进度控制管理是在基建实施过程中，为保证各阶段进展和最终交付时间满足计划要求而采取的一系列计划、组织、协调、控制过程。进度控制是在项目实施过程中对进度计划进行优化、定期检查进度、对比分析进度偏差的过程[①]。其控制管理的重点是工程整体进度计划、单系统工程进度计划、影响工程进度预判与处置、工程进度节点检查、跟踪、修正及各系统、各项目的实施单位之间协调等。

在建设工程项目的施工过程中，参与工程建设各方的管理的层次不同和一些不可预见性等因素都会影响工程的施工进度。

首先是人为管理因素，一些高校不按正常施工要求进行而要不断压缩工期、招标时工期确定不合理或工程款付款不及时；设计图纸不完善，设计变更多，还有些设计、地勘单位服务差，不能及时解决项目施工过程中出现的问题；有些监理单位管理不到位，责任心差，不仅不能及时妥善处理施工过程中的问题，而且也不能充分协调工程项目参与各方之间的关系；有些施工单位的管理经验、组织能力差，对设计理解不透彻，编制的施工组织设计与实际现场有差距，有的人员配备不齐，有的缺乏相应的专业技术人才，不能充分利用新工艺和新技术来提高施工效率。

其次在建设项目施工过程需要的材料、建筑构配件、设施和设备等不能按施工要求及时到达现场或没有认真核实到达现场后又发现不符合有关标准的要求等。其他各种不可预见性的风险因素，包括战争、地震、水文、地质、气候、地质、地下的障碍、隐患和文物及周围环境等方面的不利因素也会对项目的施工进度产生极大的影响。

在施工管理过程中，施工进度控制管理直接涉及合同双方的经济效益，只有工程项目的参建各方均各自按合同约定正常履行进度管理职责，严格遵循合同文件约定的工期，及时解决工程施工过程中遇到的各种问题，才能保证实现科学的进度控制，达到工程竣工交付使用进度要求，迅速发挥投资效益的最终目的。

二、施工进度控制管理的措施

进度控制管理是高校基建管理中的重要内容之一，如学校的基建项目不能满足合同约定要求，不能按正常进度要求交付使用将影响学校正常教学工作的开展和学校的发展，直接涉及高校下一个学期年度各项工作的顺利开展；也可

---

① 夏哲龙. 建筑工程施工进度控制与管理策略研究[J]. 福建建材, 2019（10）: 104-106.

能施工单位面临成本上升的风险，而造成对学校稳定的不良影响。因此，加强基建工程进度控制的精细化管理具有重要的现实意义。

（一）合理确定工期

建设工程项目的实施工期是有科学编制依据的，学校基建管理部门要严格按照住建部颁布的施工工期计算定额，同时参考学校以往建设的或其他学校单位建设的同等规模、类型和技术难度相当的项目完成情况，结合待实施建设工程项目的任务量和工程的施工难易及环境情况，再预留一定的时间来应对突发情况的影响，确定合理的施工工期。同时在工程项目施工开始前要组织项目参与实施的各单位对影响施工进度的各种因素进行认真分析研究，优化工程项目施工进度实施计划，在工程项目的施工过程中，对施工进度进行有效的动态控制与管理，以保证工程项目整个工期需要。

（二）加强进度过程管理

学校作为建设业主单位需要发挥建设工程建设管理的中心枢纽作用，通过对项目建设的参与各方进行沟通协调，保证项目实施中的各阶段、环节和专业的互相合作，才能确保项目合同工期的顺利实现。

1. 制度、组织保障

学校基建管理部门要严格按合同约定督促落实施工、监理、过程控制等单位的管理团队完整到位和各项管理制度措施及内控机制；建立工程项目进度协调会议、项目工作例会等制度，全面把握设计、施工等工作内容的进展，协调设计、施工、监理等单位形成互动联动；制定协调工作预案，及时解决进度推进中出现的各种问题，定期梳理潜在不利因素。

2. 认真审核监理方案和施工组织设计

施工组织设计编制是否合理是决定其能否顺利交工的关键因素之一，监理方案是监督落实施工组织设计的重要措施和保障。在基建项目开工前学校的现场代表要认真审核监理单位的监理方案，检查是否有利于保障建设项目的进度和合同工期，和监理工程师要一起认真审核施工单位的施工组织设计，统筹思考项目施工的顺序、设施设备配置情况和劳动力调配安排情况、材料进场顺序和时间安排等问题，同时也要考虑工程项目中各个分项、分部工程的时间进度安排情况，减少工序衔接之间的时间消耗。

3. 严格执行合同约定

基建项目参与各方严格按合同约定办事、严格执行国家法律法规是施工项目合同工期的根本保证。高校作为业主要及时提供项目实施单位所需的基本条件和要求，按时拨付工程进度款、合理支付因涉及变更和工程签证产生的费用，确保项目实施单位资金的运转正常；督促施工单位要按总目标要求编制与项目施工进度计划相适应的资金需求计划，提前准备好工程实施各阶段的资金和物质保障；搞好现场施工人员管理，采取各种针对工程施工特点的措施来保证合同计划工期的落实，提高管理水平和效益；充分按照合同约定内容，加强对监理单位的考核管理，制定针对工作进度的考核办法，促进项目进度的控制管理。

4. 加强协调，及时处理问题

学校基建管理部门在建设项目的管理过程中，要注意协调合同工期与进度计划间的关系，按规定及时解决处理工程变更、签证和项目实施单位遇到的困难和问题；要与地方政府职能部门如供水供电、消防、城管、质监、街办、环保等部门保持良好关系，做好协调工作，建立常态化沟通协调机制；对项目实施单位的自身原因造成工程管理工期影响，要及时对实施单位进行协调，督促他们严格按国家法律法规和合同的约定执行，必要时要诉诸法律，以保证国家和学校利益。

（三）动态管理进度

在建设项目施工进度的管理过程中，学校基建管理部门要及时从关键流程和线路对施工实际进度进行持续跟踪和定期检查，发现有进度与合同工期有偏差时，要及时分析产生偏差的原因和对后续工作及总工期造成影响的程度，研究产生问题的根源和解决办法，采用各种措施，把耽误的工期赶回来，以确保工期目标的顺利实现。

如果经努力仍不能实现原计划或者环境因素的影响造成工期必须调整时，就需要协调相关单位，对进度计划进行适当修正，调整时要综合考虑后续合同工期与投资控制的要求，评估工期延误、投资超标、施工单位索赔等事件的发生概率，降低风险。

第三节　施工安全管理

安全生产直接关系到每个人的生命与健康，它不仅是保障生产、生活安全的必然需求，更是发展经济、促进生产的先决条件之一。高校在基建管理的过程中要切实履行好自身的管理职能，建立健全安全责任制度，随时检查落实设计、施工、监理以及其他与建设工程安全生产有关单位履行安全生产的人员、措施、责任是否到位，发现问题及时处理并按相关程序上报政府主管部门，确保施工现场和校园安全。

一、施工安全管理内涵

施工安全管理就是指在施工过程中，运用法律、经济、舆论、行政等各种方法和手段，对人、物等所管理对象进行的影响和控制管理，排除不稳定的因素，达到顺利组织施工的全部管理活动，它是一种动态的管理，也是一门系统科学。由于建设项目的施工过程中危险作业面多、立体交叉实施多、工作面广、施工时间长、受环境因素影响很大，因此，施工安全管理具有复杂性、必要性及紧迫性等特点。

国家对建筑业的安全管理一直都高度重视，制定了《建筑法》《中华人民共和国安全生产法》《建设工程安全生产管理条例》《生产安全事故报告和调查处理条例》《建筑施工企业安全生产许可证动态监管暂行办法》《建筑施工企业安全生产许可证管理规定》等多部法律法规，对建设项目的施工安全做了详细规定，也是施工安全管理的法律依据。在施工安全管理必须坚持"安全第一，预防为主"，制定确定安全目标，编制安全保障的实施措施，完善安全施工的组织管理和检查体系，精心组织实施安全措施，随时检查实施的情况，发现问题及时修正、改进，只有搞好安全管理，才能实现整个项目建设的价值和效果。

二、施工安全管理的措施

高校基本建设的目的是为广大师生的教学、科研、生活服务，为学校的发展服务，施工安全管理是学校基建管理的重要部分，如果失去了安全，建设一切都失去意义，在基建管理的过程中，就更应该加强施工安全的精细化管理，落实安全责任，提高建设的效益。

（一）明确自身的管理职能

高校作为业主，在基建管理过程中对于安全生产的相关职责要求，国家在《建筑法》《建设工程安全生产管理条例》等法律法规做了明确规定："建设单位不得对勘察、设计、施工、监理等单位提出不符合有关法律、法规、强制性标准和政府规范性文件的要求，不得明示或者暗示其违反上述要求，不得压缩合同约定的工期；必须严格执行基本建设程序，坚持先勘察、后设计、再施工的原则；应向有关的勘察、设计、施工、工程监理等单位提供与建设工程相关的真实、准确、齐全的原始资料，尤其是地下管线资料；应按规定办理建设工程质量安全监督注册和建筑工程施工许可证；不得明示或暗示施工单位购买、租赁、使用不符合安全施工要求的安全防护用具、机械设备、施工机具及配件、消防设施和器材；应对其在施工现场人员进行安全防护、文明施工教育，并对他们的安全负责；应依法发包建设工程，并在招标文件和施工合同文件中，按照有关政府规范性文件的要求，明确安全防护、文明施工措施费的内容、范围、金额、预付金额、支付办法和抵扣方式，并按有关政府规范性文件和合同约定支付安全技术、防护设施、劳动保护等用于安全生产、文明施工的各项费用。"基建管理部门要严格按规定认真履行业主在基建项目施工管理的安全管理职责，防止安全事故发生。

（二）安全管理的机制建设

随着社会的不断进步、社会经济的提升、人民生活水平的提高，人的生命价值越来越受到重视，安全生产就是以人为本、关爱生命。在高校的施工现场管理过程中，作为学校的基建管理人员要从思想上重视保护自身安全及保护生产安全，认真学习国家相关法律法规和安全管理规范，不能掉以轻心，要"不怕一万就怕万一"，及时督促监理单位和项目实施单位落实安全管理措施，随时检查，发现问题及时督促整改。

基建管理部门要建立基建项目施工安全管理体系，建立检查处理台账，让每一件事有据可查，让每一个管理措施落实到现场；与建设工程项目的实施单位、监理单位等都签订相应的安全管理协议，明确学校与施工、监理等单位的安全责任和义务和发生安全事故后各自应承担的责任；督促施工单位建立健全完整的安全生产管理体系，督促他们配齐项目生产安全管理团队，检查他们的各岗位的安全职责和安全管理制度，明确在项目施工管理中各类人员应当承担的责任，保证施工安全管理体系运行顺畅、责任明确；督促监理单位对项目安全管理的措施，及时监督落实施工单位安全管理工作；建立集中检查和日常不定期抽查检查相结合的检查制度，发现问题及时处理。

（三）落实安全管理措施

安全管理是全员、全过程、全方位的管理。在基建项目施工安全管理的过程中学校基建管理部门要随时检查学校现场代表的履职情况，将他们的管理状况与工资和年度考核挂钩，以保证甲方现场代表对项目安全管理的重视度；要加强对监理单位的管理，落实监理单位的安全管理责任，督促监理单位按合同派遣合格的监理团队，随时检查项目总监和安全监理员到现场的监理情况，执行考勤制度，核实他们到现场的次数、发现安全问题的多少、解决问题的多少，把检查情况与监理的经济情况挂钩，对不称职的监理人员要解决要求监理公司更换。

在工程开工前学校基建管理的甲方现场代表和监理单位的监理工程师要严格审查工程项目的施工单位的开工准备情况；审查项目施工单位的项目主要负责人、安全负责人及现场专职安全员的具体落实情况；审查特殊工种人员的身份信息和"上岗证"；审查安全制度、安全措施等方面的落实情况；审查现场施工人员的三级安全教育以及必要的安全培训和安全交底情况；审查现场安全防护等设施设备的配备及施工人员的劳动保护和作业环境等情况。检查完成后及时向当地建设行政主管部门提供有关安全施工措施资料，办理必需的施工安全监督手续。

由于高校基建项目一般在校园内，不免施工车辆、人员等要出现在校园内，要实时监控，做好安全防范措施，尽量让施工的人、车、设备与学校师生隔离开，降低项目施工对师生的影响，杜绝一切安全事故。在项目实施过程中，还有一些专项的安全施工方案也必须严格审查，完成安全措施后才能施工；要定期或不定期地组织工程安全巡回检查，检查监理单位和施工单位的安全落实情况，尽可能地把安全隐患消除在萌芽状态，不能等到出现问题才后悔莫及，真正做到"以防为主"，对违章作业、野蛮施工、管理混乱的单位进行处罚并提出限期整改，对整改不力的单位予以警告，按国家有关规定给予停工整顿，直至清退，并要求其单位承担因此而造成的一切损失，某大学的建设工程施工安全检查表值得参考，见表 11-1。

表 11-1 某大学的建设工程施工安全检查表

编号：

项目名称			检查时间	
施工单位			监理单位	
检查人员				

序号	检查项目	检查内容	检查结果		备注
			符合/是	不符合/否	
一、安全管理					
1	安全生产责任制	监理安全责任制 制定各工种安全技术操作流程 按规定配备专（兼）职安全员	□ □ □	□ □ □	
2	目标管理	制度安全管理目标 安全责任目标分解 责任目标考核规定 考核办法落实	□ □ □ □	□ □ □ □	
3	施工组织设计	施工组织设计中安全措施是否达到标准 施工组织设计审批 专业性较强项目，须单独编制专项安全施工组织设计 安全措施落实情况	□ □ □	□ □ □	
4	分部（分项）工程安全技术交底	书面安全技术交底情况是否完备 交底是否有针对性 交底是否全面 交底是否履行签字手续	□ □ □ □	□ □ □ □	
5	安全检查	是否有定期安全检查制度 安全检查记录是否完善 检查出事故隐患整改情况是否符合定人、定时间、定措施要求	□ □ □	□ □ □	

续表

序号	检查项目	检查内容	检查结果 符合/是	检查结果 不符合/否	备注
	一、安全管理				
6	安全教育	制度安全教育制度	□	□	
		新入工人三级安全教育是否符合要求	□	□	
		作业人员是否熟悉安全技术操作流程	□	□	
		专职安全员考核情况是否符合要求	□	□	
7	特种作业持证上岗	配备特种作业上网证书	□	□	
		操作证上网情况	□	□	
8	安全标志	现场安全标志布置总平面图是否符合要求	□	□	
		是否按安全标志总平面图设置安全标志	□	□	

（四）安全文明措施费管理

国家在《中华人民共和国安全生产法》《建设工程安全生产管理条例》和《建设工程工程量清单计价规范》等法律法规中对安全文明施工措施费已经做了明确的规定，在施工管理过程中，必须严格执行相关规定，督促项目实施单位编制和实施安全技术措施，必须落实其在项目投标书中的相应承诺并在达到了预期的效果后，经学校基建管理部门按相应程序确认才能支付相应的安全文明措施费，防止项目实施单位在转包及使用包工队伍或临时施工时发生"以包代管"的现象，确保安全文明措施专项资金到位，专款专用，保证安全文明措施费真正用在施工安全技术的管理措施上。

第四节　施工阶段投资控制管理

一、施工阶段投资控制管理的内涵

建设工程的投资控制,就是在建设项目决策、设计、发包、施工以及竣工结算等全过程中,合理使用人、财、物,把项目造价控制在批准的投资限额内,对发生的偏差随时纠正处理,以保证建设项目管理取得较好的投资效益和社会效益。建设工程投资控制与管理贯穿于项目建设的整个过程中,施工阶段是建设项目资金投入最大、实现价值的主要阶段,也是建设项目投资控制的重要阶段,它的管理水平的高低直接影响整个项目的效益的高低。

施工阶段是工程建设过程中的重要步骤,是项目产品落地的关键阶段,持续时间长,资金量大,设计变更多,受市场、环境等各种因素影响大,各种技术、经济、管理、合同等方面的问题都会在此阶段集中体现,影响工程项目的投资。建设单位只有充分发挥自身在建设项目建设及投资控制中的主导地位,在项目实施过程中,加强协调设计、监理、施工及过程控制等单位,科学组织建设,正确处理造价和工期、安全、质量的关系,统筹各方面的资源,通过工程资金控制、工程变更管控、预防并处理好索赔和挖掘节约造价的潜力等措施才能合理控制工程投资,实现建设项目投资的良好经济效益和社会效益。

二、施工过程投资控制管理的措施

对项目管理的造价控制,就是对合理控制成本,提高项目的经济效益。高校在基本建设的管理过程中,不仅要搞好工程勘察设计和招投标工作,更要对施工过程的投资进行精细化的管理,施工过程中搞好设计变更、工程质量标准、材料和人工价格、各种动态因素的管理,加强施工、监理、过程控制等单位的监控管理,才能实现建设项目投资动态控制和主动控制的目的,让学校的基本建设更好地为学校发展服务。

(一)加强工程项目资金拨付管理

根据工程建设的目标和要求,按其各子项目和时间进度,合理编制资金使用计划和投资控制计划安排，对项目实施过程中资金的使用进度进行管控和预测，防止不必要的资金浪费和资金安排的失控，同时管理执行过程中，在保证工程造价和质量保证的前提下，一方面要严格对工程进度款的支付管理，否则会导致工程进度、经济纠纷、工程造价增加等情况的发生。

（1）要严格按合同约定按时支付工程进度款，不得以任何理由拖欠；

（2）学校基建管理部门、财务、审计部门和监理、过控单位等部门和单位要按相关程序认真审核工程进度款的数额，防止多付或超付；

（3）要严格按财经制度要求及时完成付款手续。

另一方面还要适时根据实际情况给予优化调整，及时调整资金安排，最大限度地节约资金，提高投资效益。

（二）严格工程变更、签证管理

工程变更、签证是增加工程造价的主要因素之一，并影响工程进度、质量和投资控制，现场变更、签证的不规范，不仅会给工程结算带来麻烦，还造成经济损失和腐败现象。

1. 掌握项目建设的主导权

学校基建管理部门的现场代表要熟悉整个工程项目的设计、招投标文件、合同以及相关法规规定，全面掌握并合理应用合同条款，及时全面地履行自身的相应义务，要求监理、施工单位严格按照合同约定进行项目的实施，尽量减少现场签证的发生。

2. 严格变更、签证纪律

在施工过程管理中，变更、签证涉及质量、造价、进度和安全，签证必须符合法律法规、规章、规范性文件的规定及合同的约定，必须全面反映事由、因果关系，明确责任，工程签证过程中不仅要通过文字方式对变更签证的内容进行详尽的说明，必要时还要采用附图说明的方式，使签证中所记录的内容表达更加真实与全面，充分反映其原始性，任何单位和个人都必须按各自的权限依法依规处理工程项目实施过程中的各类变更、签证，任何越权行为都是无效的，对违规违纪的相关单位和人员要及时处理，情节严重的要上报政府主管部门依法处理。

3. 规范签证操作程序

无论是学校、施工单位或监理工程师提出，任何设计变更（包括学校、施工单位、监理单位对设计的修改意见），不论其内容性质如何，须按学校的有关规定，报相关领导会签后，均统一由学校基建管理部门的项目管理现场代表发出，组织过控、设计、监理、施工单位等有关单位的代表召开现场技术会议，确定好工程变更内容、形式及条件等，再有由学校、监理、地勘设计及施工单位等相关单位签署确认，然后交施工单位实施；对重大的变更签证，还必须先核算后变更，由学校财务、审计等部门和过程控制单位参加并邀请有关专家组织技术论证，确定优秀方案后，再按相应程序处理。只有严格工程变更的管理，才能更好地基本建设工程在决算审核阶段中产生相关争议，为工程后期的决算工作创造有利条件。某大学的变更管理流程可以参考，如表11-2至11-4所示：

表 11-2　某大学变更管理流程—设计单位提出变更

设计单位提出变更				
编号	步骤名称	主责部门/岗位	步骤描述	输出文档
01	变更申请	设计单位	设计单位根据实际需要提出工程变更申请报告，交由项目负责人审核	变更申请
02	审核	项目负责人	项目负责人审核变更的合理性以及变更金额的大小。审核通过后，下发变更通知书，超过合同10%，报计划财务处审核。	
03	审查	计划财务处	计划财务处审查变更金额超过合同10%的工程变更。审查通过后交审计处审计。	
04	审计	审计处	审计处变更的合理性。审查通过后由项目负责人下发变更通知书。	
05	执行	现场代表、监理、施工单位	现场代表、监理、施工单位根据具体的变更内容组织施工。	

表 11-3　某大学变更管理流程—建设单位、监理单位提出变更

建设单位、监理单位提出变更				
编号	步骤名称	主责部门/岗位	步骤描述	输出文档
01	提出变更	建设单位、监理单位	建设单位、监理单位根据实际需要提出变更需求	
02	技术核定	设计单位	审计单位对建设单位、监理单位提出的变更需求进行技术核定，保障可行性	技术核定意见
03	审核	项目负责人	项目负责人审核变更的合理性以及变更金额的大小。审核通过后，下发变更通知书，超过合同10%，报计划财务处审核	变更通知书
04	审查	计划财务处	计划财务处审查变更金额超出合同10%的工程变更。审查通过后交审计处审计	
05	审计	审计处	审计处审计变更的合理性。审查通过后由项目负责人下发变更通知书	
06	执行	现场代表、监理、施工单位	现场代表、监理、施工单位根据具体的变更内容组织施工	

表 11-4　某大学变更管理流程—施工单位提出变更

施工单位提出变更				
编号	步骤名称	主责部门/岗位	步骤描述	输出文档
01	提出变更	施工单位	施工单位根据实际需要提出变更需求	技术变更洽谈单
02	变更设计	设计单位	如需要进行设计变更，则由设计单位按要求进行设计变更	
03	审核	监理单位	监理单位对施工单位提出的变更需求进行合理性必要性审核	

续表

编号	步骤名称	主责部门/岗位	步骤描述	输出文档
施工单位提出变更				
04	审核	项目负责人	项目负责人审核变更的合理性以及变更金额的大小。审核通过后，下发变更通知书，超过合同10%，报计划财务处审核	
05	审查	计划财务处	计划财务处审查变更金额超过合同10%的工程变更，审查通过后交审计处审计	
06	审计	审计处	审计处审计变更的合理性，审查通过后由项目负责人下发变更通知书	
07	执行	现场代表、监理、施工单位	现场代表、监理、施工单位根据具体的变更内容组织施工	

（三）加强工程设备、材料的市场把控

工程项目在实施期间所用材料种类、档次多种多样，采购来源纷繁复杂，价格也千差万别，这就增加了对工程项目材料质量、价格和数量的控制难度，学校基建管理人员需要对施工期间工程材料的市场行情有充分的调研和了解，准确把握工程材料的特征、市场变化情况，对项目的实施成本状况和合同的执行掌握主动权，防止施工单位赚取不正当利益，对施工单位提出的一些不合理的要求给予反驳，为项目以后的竣工结算和工程造价的控制管理打下坚实的基础。

（四）处理好项目的索赔问题

建筑工程索赔贯穿于整个项目建设过程，但在施工阶段最为集中，处理难度最复杂，是施工合同履行过程中，合同当事人一方由于另一方未履行合同约定的义务或出现了应当由对方承担的风险而遭受损失时，以法律和合同为依据，通过合同约定的程序向另一方提出赔偿要求的行为[①]。甲方原因、乙方原因、合

---

① 赵颖. 论建筑工程施工索赔[J]. 云南水力发电. 2020，36（05）：173-175.

同缺陷、合同变更、工程环境变化和不可抗力等因素都可能造成索赔，高校在基本建设管理的过程中首先要重视预防控制索赔现象的发生，一方面在项目决策和设计、勘察、合同签订、工程量清单阶段要认真研究，不要有重要失误；另一方面，随时了解市场环境情况，严格执行合同和国家相关规定，不能因为自己的工程过程管理失误或个别别有用心的操作而导致索赔。其次要正确面对索赔，在工程建设的过程管理中对相关工程签证、会议（现场）决定的所有资料要及时收集、整理和保存，对对方提出的索赔要求要认真研究，严格按国家法律法规进行处理，必要时索赔方可进行反索赔。

（五）挖掘节约投资潜力

建筑业的高速发展，各种施工的新技术、管理的新方法层出不穷，也给建筑市场充满了活力，高校在基建管理过程中，可以充分发挥人才优势、信息优势，基建管理人员加强新技术、新知识的学习，与设计、施工、监理和过程控制单位一起加强施工流程、施工工艺、施工材料优化的探讨，以达到改进技术、提高投资效益的目的。

第十三章 建设项目后期的精细化管理

基本建设项目后期的精细化管理就是基本建设项目施工结束验收后项目准确的竣工结算及财务决算、完整竣工资料的建档备案、规范的资产移交、优质的维保期服务以及项目开展的后评价等，是基本建设管理的重要环节，也是对基本建设项目的总结，可以核清造价、完善资料，总结经验教训，以便优化建设项目管理，提高基本建设管理水平。

第一节 建设项目竣工结（决）算的精细化管理

一、项目竣工结算管理

（一）项目竣工结算管理的内涵

建设项目结算包括进度款结算和竣工结算，项目竣工结算都是建设项目业主向承建项目的施工单位支付工程款的依据，也是确定工程建设项目实际造价的关键环节。关于建设工程结算，在《建设工程价款结算暂行办法》的通知（财建〔2004〕369号）、《基本建设项目竣工财务决算管理暂行办法》的通知（财建〔2016〕503号）等很多文件都有详细规定，工程结算的办理及审查是建设业主单位的职责，建设工程竣工后，承包人应在提交竣工验收报告的同时，向发包人递交竣工结算报告及完整的结算资料，发包人应按规定的期限（合同约定有期限的，从其约定）进行核实，给予确认或者提出修改意见。办理的依据主要有：国家有关法律、法规及工程造价计价标准和办法；施工合同及补充协议（如有）；经批准的开、竣工报告；施工图和竣工图；所有变更和现场签证材料等其他有效文件。

对竣工结算审核时间在《建设工程价款结算暂行办法》中有明确规定：工

程竣工结算报告金额审查时间 500 万元以下从接到竣工结算报告和完整的竣工结算资料之日起 20 天；500 万～2000 万元从接到竣工结算报告和完整的竣工结算资料之日起 30 天；2000 万～5000 万元从接到竣工结算报告和完整的竣工结算资料之日起 45 天；5000 万元以上从接到竣工结算报告和完整的竣工结算资料之日起 60 天；建设项目竣工总结算在最后一个单项工程竣工结算审查确认后 15 天内汇总，送发包人后 30 天内审查完成。

项目竣工结算管理是指对建设工程依据合同约定进行工程竣工价款结算的活动，是一项技术性和综合性非常强的工作，如果不在规定的时间办理完项目的竣工结算，一方面要影响工程决算和固定资产的核定，另一方面施工单位由于没有办理结算而拿不到相应的工程款，可能导致社会矛盾和法律纠纷，只有增强法律意识，依照公正公平的原则，避免重施工轻结算等一些不良思想的影响，通过和各个部门的相互协作、配合，统筹管理项目结算，提高项目结算管理的成效。

（二）项目竣工结算的精细化管理

工程项目的竣工结算阶段是高校基本建设管理的重要阶段，不仅仅是学校对工程价款进行结算，也是施工单位对学校进行所实施工程价款进行的结算，经过审查的工程竣工结算是工程项目竣工进行验收后的决算编制以及核定新增资产价值的直接依据，只有加强项目竣工结算的精细化管理，才能提高建设工程管理的时效性和准确度。

1. 提高结算审核人员的综合素养

工程项目的结算审核是一项专业性极强的工作，不仅要求审核人员具有良好的职业道德，还要求有过硬的专业技术，要合理运用法律法规，掌握国家各种定额的计价原则，熟悉合同约定或招投标规定的计价定额与计价原则；了解市场材料的价格等使用合理的方法，抓住关键，把握重点，公平、公正地进行结算工作。因此在高校基建管理部门中从事工程项目结算的人员只有不断提高政治修养和专业素质及能力，避免吃拿卡要和庸政、懒政、不作为等不良或违法行为，才能提高工程项目的竣工结算水平，提高结算准确性。

2. 严格审查竣工资料

工程竣工资料是工程结算审核的直接依据，由建设项目的实施单位提交的，主要包括工程施工图、竣工图、设计变更通知、各种签证资料、主要材料的合格证明、单价等，它必须是完整、真实、有效、可靠的。由于经济利益的因素，有些项目实施单位只提交对自己有利的材料，而需核减的资料往往会有意不提交或少提交，所进行的结算就不符合实际情况，造成偏差，给学校造成损失。因此，在审核竣工资料时，必须按规定认真审核竣工图的完整性和真实性，要看竣工图是否和工程交付使用时的实际情况一致，是否有学校现场代表、监理人员的签字，是否有竣工图专用章；审核各种变更通知、签证资料，特别是主体工程中的隐蔽工程的签证等内容是否符合规定，是否与竣工图一致，签字手续是否齐全；审核材料、设备的选用是否符合合同等有关规定；审核其提交的所有资料是否完整，是否有效，是否齐全，是否真实，手续是否完备；如有缺项要及时督促项目施工单位按规定补齐有关资料。

3. 认真复核竣工结算报告

目前各高校的基建工程项目结算管理模式，大部分都是委托有资质的单位进行结算审核，对于学校来说就必须认真对委托的审核单位提供的结算报告进行复核、确认。结算复核的主要内容包括：编制范围是否与建设项目规定的规模、内容相符；编制的依据是否符合法律、法规及规章制度的规定，是否符合招（投）标文件、施工合同等的约定和学校的有关规定；材料、设备的结算价格是否符合相关规定；项目工程计算、计价原则、依据、方法、程序是否符合有关规定，是否正确；结算价款是否真实、合法等。通过复核其真实可靠后才能给予确认，必要时还可以委托另一方有资质的单位进行复核，确保工程项目竣工结算的真实性，以防给学校造成损失。

每项工程项目结算完成后，基建管理部门要及时对所结算工程项目的主要技术经济指标进行分析研究，分析影响工程造价的原因，整理归类，建立相应的数据库，为以后的建设工程项目管理提供有益参考依据，进一步促进基本建设管理水平的提高。

4. 辩证处理历史遗留问题

很多学校都不同程度地存在基本建设的遗留问题，如不能很好地解决，不仅影响学校的正常教学活动，还影响学校的稳定和发展。在解决历史遗留问题的过程中，要由主管校领导牵头，基建主管部门、财务、审计和相关的部门和人员等协商研究，清理债权债务关系，本着尊重历史、维护法律法规、积极解决问题的原则，推动相关问题的落实解决。如因无法联系到相关单位及责任人而无法进行工程结算的，可以按法律规定的方式公示后直接结算及审计；如遇与施工单位有争议,不能解决而无法进行工程结算的,可以委托法定单位进行仲裁。

二、竣工财务决算管理

(一) 竣工财务决算管理内涵

高校基建项目的竣工财务决算管理的目的是规范基建项目管理,控制建设成本,提高投资的经济效益和社会效益,是依据国家相关法律法规,对基本建设项目的竣工财务决算所进行的协调等工作,是学校基本建设管理的重要组成部分。

教育部在 2008 年颁发的《教育部直属高校及事业单位基本建设项目竣工财务决算管理办法》(教发〔2008〕28 号)中对高校基建设项目竣工财务决算做了解释:"基本建设项目竣工财务决算是正确核定建设单位新增固定资产价值、反映竣工项目建设成果的文件,是办理固定资产交付使用手续的依据。"任何基建项目完成以后,按照国家有关规定必须办理竣工验收和竣工结算,并编报竣工财务决算。

高校基本建设项目竣工财务决算由学校编制,它的一个重要内容就是对资产进行盘点、清查,基本建设项目竣工财务决算报告内容在《教育部直属高校及事业单位基本建设项目竣工财务决算管理办法》(教发〔2008〕28 号)中已有明确规定:由竣工财务决算报表、竣工财务决算说明书及中介机构审核报告三部分组成,竣工财务决算报表主要包括:项目概况表、项目竣工财务决算表、资金情况明细表、交付使用资产总表、交付使用资产明细表等内容;竣工财务决算说明书主要包括:项目概况、会计账务处理、财产物资清理及债权债务的清偿情况、项目建设资金计划及到位情况、财政资金支出预算、投资计划及到位情况、项目建设资金使用、项目结余资金分配情况、项目概(预)算执行情况及分析、竣工实际完成投资与概算差异及原因分析、尾工工程情况、历次审计、检查、审核、稽查意见及整改落实情况、主要技术经济指标的分析、计算情况等内容;审核报告应主要包括审核说明、审核依据、审核结果、意见、建议等内容。

根据国家有关法律法规,高校基本建设项目竣工财务决算的编制依据是:项目可行性研究报告、初步设计及概算、概算调整等批准文件;招投标文件;历年投资计划和预算下达文件;勘察设计合同、工程承包合同、监理合同、材料及设备采购合同、工程签证单、监理报告、工程预决算审计报告、经监理机构等有关各方签字认可的竣工验收报告、项目工程价款结算清单和竣工决算报告，以及项目各种建筑物、设备、材料等实物清单、项目各类账表和其他有关资料[①]。

（二）竣工财务决算的精细化管理

工程财务竣工决算是对基建工程项目的一个大检查，及时、准确地完成建设工程项目的财务竣工决算，不仅是国家会计制度的要求，也是高校基建精细化管理的需要。

1. 加强财务相关人员的专业能力培养

从事工程财务竣工决算管理的人员不仅要熟悉相关基建、财务管理的法律法规和管理制度，要有丰富的基建财务方面的专业知识，还必须要有一定的发现问题和解决问题的经验沉淀。学校要配备有基建财务相关专业基础的管理人员来负责基建工程项目财务的核算和管理，定期对他们进行法律法规、基建管理、财务专业技能的培训提升，经常到管理得较好的学校去学习经验，让他们能够对基本建设项目的财务竣工决算有一个系统化的理解和提高，从而在进行建设工程项目财务竣工决算过程中能够及时发现和妥善问题，以提高核算准确性。

2. 重视竣工财务决算

目前一些高校不重视此项工作，对于竣工后的资产交付和确认的重视程度不够，认为基建工程管理的重点是前期的报批和中期的项目质量管控，只要保证工程项目的质量、安全和按期交付使用就行了，财务竣工决算的快慢早晚，不会对工作全局带来多大影响，有的学校甚至没有配置专业的基建财务管理人员，财务只是负责付款，很多项目甚至全部项目都没有做财务决算、资金投资分析等工作，导致资产的管理存在诸多漏洞，资金投资效益不清，严重影响学校的发展。

高校的管理层从上到下，特别是校级领导必须要提高对基建项目财务竣工决算的认识，配备相应的专业人员、工作经费及条件，制定相应的管理制度和工作流程，在学校基建管理过程中严格按国家规定为参与财务竣工决算的相关单位、部门提供一个良好的环境，及时解决工作人员在工作中遇到的问题和困

---

① 卢喜花. 关于加强高校基本建设项目内部审计的思考[J]. 现代商业. 2012,（06）: 243-244.

难,提高管理人员的积极性和主动性。

3. 及时办理决算

基建项目的财务竣工决算工作关系着学校的资金、资产管理和使用效益,及时办理基建项目的财务决算对高校管理和发展有重大意义。在《基本建设项目竣工财务决算管理暂行办法》中对竣工财务决算工作前的资料清理和决算的时间要求做了明确规定:"清理工作主要包括:基本建设项目档案资料的归集整理、账务处理、财产物资的盘点核实及债权债务的清偿,做到账账、账证、账实、账表相符;各种材料、设备、工具、器具等要逐项盘点核实,填列清单,妥善保管,或按照国家规定进行处理,不得任意侵占、挪用","基本建设项目完工可投入使用或者试运行合格后,应当在 3 个月内编报竣工财务决算,特殊情况确需延长的,中小型项目不得超过 2 个月,大型项目不得超过 6 个月"。

目前很多高校基本建设项目财务竣工决算都滞后,能够按照国家规定按时办理竣工决算的工程项目不多,2019 年政府会计制度的实施,高校资产管理进一步精细化,资产的确认和折旧规定更加明细,使得基建工程的财务竣工决算是否及时办理显得更加重要。在财务竣工决算管理过程中首先要理清基建项目财务竣工决算的基本程序,抓住其中的关键点针对性地对学校内部管理机制进行完善,由校领导主导,捋顺工作流程,优化和完善基建财务管理体系,学校基建管理、审计、财务等各部门职责协同负责,各司其职,设定相应的绩效考核标准,以进一步提高高校基建项目财务竣工决算工作的管控力度;强化内部监督管理职责的履行力度,强化学校基建工程项目的全过程跟踪审计工作,准确对竣工决算过程中出现的各种问题进行查找和梳理,同时及时加以修正处理,以降低违规违法的风险,也是对审计工作由事后向事前和事中的延伸,是精细化管理的需要。

第二节　基建项目移交的精细化管理

基建项目的交付使用、资产移交工作是高校基建管理工作的最后环节,是基建管理的一项重要工作,只有加强移交工作的精细化管理,提高移交的效率和质量,才能确保项目的建设成果顺利为广大师生服务、为学校发展服务,为社会创造效益。

基建移交是指已经通过竣工验收合格的基建工程项目由学校基建管理部门按国家相关法律法规及学校的规定，在监察（审计）部门的监督下向资产管理部门及相关部门移交使用，主要包括总资产（含消防、人防及重要设备等）、工程竣工的现状、工程竣工所有图纸及基建档案等的移交。工程项目竣工移交管理是基建管理中的重要组成部分，不仅要有符合国家法律法规和本学校实际情况的管理制度，还要制定符合基建项目特点的详细而切实可行工作方案，严格按照规范的工作流程，学校相关部门和项目实施单位保持良好的沟通与协调，有计划、有步骤的完成移交工作。

一、资产的移交及维保管理

建设项目竣工后，学校基本建设管理部门要按照相关规定和程序及时办理验收手续，编制有关验收文件资料，按相关规定办理资产移交和维保工作，使其尽早为师生的教学、科研和生活服务，发挥其投资的经济效益和社会效益。

建立学校的资产移交管理系统，统一纳入基建管理的整个体系当中，确保资产移交工作的延续性、衔接性和完整性。明确资产移交相关部门和责任人的工作职责，加强学校内部部门之间相互监督和监察审计监督，增强资产移交工作人员的责任意识，通过工程管理的相关部门和管理人员等的分工协作、互相配合，按国有资产管理的有关规定，及时将竣工验收合格的项目移交给国有资产管理部门和使用部门使用；对没有验收合格的必须进行相应的整改，不能办理相关移交手续；对资产移交过程中存在的违规违纪行为，加大处罚力度，严防国有资产流失，确保基本建设移交管理的制度化和规范化。

按照国务院《建筑工程质量管理条例》所规定的保修期限及内容，在工程项目竣工后必须有相应的维保期，也必然会存在一些缺陷和使用部门的不熟悉的情况，在将竣工项目移交给使用部门时，基建管理部门要组织施工单位、后勤管理部门、使用部门和消防管理部门的管理人员对相关设备设施的使用方法和注意事项进行培训，对使用单位提出的问题及时联系相关单位进行处理，该整改的整改，该维修的维修；同时基建管理部门的项目负责人要积极主动对其所负责的建设工程项目进行回访调查，督促其实施单位认真执行国家法律法规和合同所约定的保修义务，如项目实施单位在规定时间内不履行或履行不好保修义务，基建管理部门要及时另行安排其他有资质的单位进行维修处理，并依照相关规定扣减原实施单位的保修款项，确保师生正常的教学、科研、生活需要。

二、基建档案的整理和移交

基本建设档案是高校建设管理中的历史凭证，它是基本建设过程真实情况的记录，是建设工程项目在建设活动中形成的具有保存意义的文字、图表、声像等各种方式的相关记录，是学校基本建设发展的真实反映。加强使高校基本建设档案管理工作的管理，让其发挥其应有的作用，服务于高校的改革和发展，是高校基本建设管理中的重要环节。

1. 建立健全基建档案管理制度

对于高校基本建设的档案管理，在《中华人民共和国档案法》《高等学校档案管理办法》教育部第 27 号令和《建设工程文件归档规范》GB/T50328—2014（2019 年版）等法律法规中都有明确规定，学校必须要依据相关法律法规、条例和标准，制定本学校的基本建设档案归档管理的收集、移交、接收管理制度和实施细则，由专人管理档案资料，负责建设项目立项决策、招标投标、工程竣工验收等所有环节的全过程资料的收集、保管、整理，在立卷之后，及时向学校档案管理部门和当地政府城建档案管理机构移交建设项目档案。

为学校档案管理部门赋予归档指导和档案归档的监督职能，将档案管理纳入基本建设管理部门考核，检查建设项目的档案资料是否按规定要求收集齐全、材料是否符合规范要求、归档质量是否符合规定。这一方面能提高学校档案管理部门对基本建设档案管理的主动性，使其主动有效地指导、监督档案，从而使基建档案能及时归档，也可以在利用范围内完整和规范；另一方面也促进学校基本建设管理部门对基本建设档案日常收集管理的重视，提高归档处理的真实性、可靠性。

2. 提高业务素质

高校的基建管理部门对工程建设的所有相关文件资料管理及归档负有重要的管理责任，其不仅是档案管理的生产者，也是档案的使用者。学校必须要加大基本建设档案工作重要性的宣传和教育，提高基建管理人员对基本建设档案重要性的认识，提升基本建设档案管理人员的专业水平和职业素养，要加强基建档案管理的专兼职档案员对新的档案管理理念和管理方法的学习和提高，可以组织其参加国家、省级档案局等的档案专业培训，可以组织到基建档案管理做得好的高校进行学习等，努力提高基建的专兼职档案员的理论水平和业务技能。

档案馆专职工作人员要增强服务意识，改进服务方式，变被动服务为主动服务，主动给基建管理部门的工作人员进行必要的技术指导，不断提高档案利用服务水平。建立学校基建管理部门和档案馆两部门之间多种形式的交流平台，通过共同学习、相互沟通、交流经验，提高工作的配合度和工作质量，切实做好基本建设档案的收集归档工作。

3. 及时归档

工程项目的施工单位按照《中华人民共和国档案法》和地方城建档案管理的修改规定移交给学校的建设工程竣工档案，基建管理部门要及时按相关规定审核完成后，把学校内部的该项目的相关资料汇总，一起及时向地方城建档案馆及学校档案管理部门进行归档，如果资料不全或移交不及时将会对学校资产管理和后期基建项目的维修改造造成不利影响。

第三节 基建项目的后评价管理

高校基本建设项目管理的精细化，是提升基建管理水平，实现建设项目管理的科学化、规范化，实现新形势下高校跨越式发展的重要保障之一。而项目后评价管理工作作为建设工程项目管理的重要部分，是系统地对已经完成建设工程项目的管理经验和教训进行全面总结，以便为下一步新建项目的管理提供参考，对促进高校基建管理水平的提高和提高投资效益有着重要意义。

一、建设项目后评价

建设项目后评价是从项目前期工作、项目实施准备工作、项目实施过程管理工作、项目运行情况、项目效益、项目成功度等方面，对全生命周期项目进行评价分析，依据相关行业的项目后评价管理规定及要求提出的后评价内容，以先进适用的评价方法，对项目进行客观、全面、合理的评价。从工作流程来看，可以分为前期筹备、项目启动、收资调研、评价及报告编写、报告初评、报告终评六个阶段[①]，具有现实性、全面性、反馈性、合作性、可靠性等特点。

项目后评价始于20世纪30年代的美国，到20世纪70年代，项目后评价被发达国家和世界银行、联合国开发署等机构广泛应用，并形成了较系统、科

---

① 李强. 建设工程项目后评价方法探析[J]. 低碳世界. 2020，10（08）：210-211.

学的后评价体系。在我国，项目后评价工作始于20世纪80年代中期。2009年1月1日，国家发改委印发实施了《中央政府投资项目后评价管理办法（试行）》，标志着我国项目后评价工作走向制度化和规范化[①]。项目后评价通过对已完成建设工程项目进行经验和教训总结，提出改进、完善的建议和意见，一方面通过对已完成的建设工程项目实施情况的信息反馈，可以有效进一步提高新项目的可行性研究等前期工作的精细度和准确度，可以减少和纠正建设项目在决策和实施过程中的风险，提高建设项目决策水平；另一方面通过对建设项目从前期决策立项到交付使用的全过程总结，全面分析评价建设项目在实施过程中各环节管理的实际状况，进行归纳总结、分析提炼，为以后提高项目管理能力和管理水平奠定基础。

高校基建项目的项目后评价工作具有自身的特点，需要从技术、经济、环境、管理等方面开始进行项目的后评价工作，其主要内容包括：

1. 建设条件的后评价

主要分析建设项目实施过程的建设基本条件、交付后的使用条件、建设环境等是否符合与前期项目决策阶段的预期情况。对于一些变动情况，要根据不同情况分别做出定性与定量的研判分析，并提出改进意见，为后续建设项目的建设环境条件的改善提供依据和参考。

2. 立项决策的后评价

根据国家和区域经济、教育发展规划以及高校发展的相关政策，结合学校自身的实际情况，实事求是地对项目建议书、可行性报告和地域建设环境等与预期目标之间的偏差进行查找和分析研究，找出产生偏差的原因，提出相应的改进方法和措施。

3. 建设过程的后评价

根据国家法律法规和行业规范的相关规定，把可行性研究报告所预计的情况和实际实施过程的情况进行分析比较，找出差异，分析原因，提出意见和建议。

4. 使用效果的后评价

对建设项目交付使用后的使用效果是否达到预期目标进行分析、评价，重点分析评价建设项目使用的实际效果情况，配套服务设施的安全性情况等。

---

① 赵蕴铭.安徽省高校基建项目后评价探析[J].铜陵学院学报.2013, 12（06）：81-83.

5. 经济和社会效益的后评价

对建设项目总投资状况、项目成本、效益等方面的情况与项目决策时预期所设想的目标进行对照分析，从而对建设项目的经济效益和社会效益进行全面、综合的评价，为后期学校基本建设提供参考。

二、项目后评价的精细化管理措施

高校是国家高技能人才聚集和培养基地，为国家建设和社会的发展进步发挥了积极的推动作用。高校基建项目后评价不仅可以帮助学校分析建设项目中实施过程中遇到的各种问题，总结建设项目的经验和教训，给学校下一个建设项目或未来同类建设项目提供有益的参考和借鉴，而且也是对高校基建管理的决策水平和管理水平的全面评价和检验，是对高校基本建设项目的社会性、经济性的全面检查检验，有利于推动高校基建管理的健康发展，有利于推动学校整个管理的规范性、科学性。

1. 高度重视基本建设项目后评价的工作

目前高校中进行建设项目后评价的很少，许多高校认为只要项目完工交付使用就万事大吉了，没有把后评价工作摆上日程。要正确认识项目后评价对学校的基本建设管理甚至整个学校管理的重要作用，高校的建设项目主要服务于教学、科研、实验实习和生活等活动，其基建管理水平的高低在很大程度上反映了高校经费的使用效益、资源配置的有效性以及整个学校的管理水平高低。如果学校在基本建设项目的管理中缺乏项目后评价这个阶段的工作，就缺少了对项目的决策立项、实施过程及资金投入使用等情况的总结分析和评价，就不利于学校基建管理水平的提高，不利于学校的发展。

2. 设置科学的指标体系

基本建设项目的后评价是从项目立项决策、实施到项目使用的全过程、全方位的评价。这种全过程、全方位决定了评估指标体系的复杂性。项目后评价指标体系是衡量项目效益好坏、影响后评价质量的重要因素，设置的科学与否直接影响到结论是否具有科学性。与一般项目不同的是，高校大部分基本建设项目具有其自身的特殊性：其主要作用是保障学校教育事业的发展，主要效果表现为它所带来的社会效益，难以进行定量分析。因此，要充分总结、借鉴后评价工作在一些重大项目中的应用情况，设立适用于高校基本建设项目的定性指标，并采用多种方法对指标进行量化。要科学分配各项指标在体系中的权重，加大环境影响和社会影响方面的权重，减少一般项目后评价中经济影响的权重。对于高校的一些经营性投资建设项目，则必须在现有指标的基础上增加能反映经济效益的相应指标，以达到投资效益最大化的目的去进行详细分析评价。

3. 自我评价和委托评价相结合

根据高校基本建设投资项目管理的实际情况，在建设项目竣工验收投入使用一定时间后，学校就要对其开展自我评价工作。从节省资金、降低成本出发，学校自我评价可不委托专业咨询机构进行，由学校主管领导牵头，以学校的基建管理、财务、审计、发展规划等相关职能部门和建设项目使用部门为主体，邀请建设项目的参与实施单位（勘察、设计、施工、监理等）共同参加，组成建设项目后评价工作组织机构，对照该项目的可行性研究报告和评价指标体系的要求，逐一开展自我评价。对一些重大项目，也可以委托具有相应资质的咨询机构具体承担后评价工作，所委托的咨询机构必须要独立于该项目可行性研究及评估等相关的业务部门，要熟悉教育基本建设理论、教育基本建设规律，并保证项目后评价工作独立、客观地开展。

4. 及时总结改进

通过总结失败的教训和成功的经验，建立错误和成功清单，找出存在的问题，提出改进措施，并及时通过有效的信息共享平台和信息反馈机制，为下一步的基本建设提供积极的意见，在校园规划、校舍设计、施工监理、工程质量鉴定、工程预决算的编审、招标、投标和建筑材料及专业设备的优选等方面提供建议，才能真正发挥建设项目后评价有利于提高教育基本建设管理水平，提高基本建设投资效益的作用和目的，不能评价完了就束之高阁，使项目后评价失去存在的真正意义。

第十三章 基建管理与廉政建设

高等院校承担着人才培养、科学研究、社会服务和文化引领等重要职能，对社会的发展进步发挥着不可替代的作用。近年来，高校基建领域时有发生一些损害高校良好形象的负面事件，让国家和学校受到损失，也让个人付出了沉重代价，因此，在高校的基本建设管理中，不断加强党风廉政建设，自觉改进工作作风，确保学校建设顺利进行，具有极为重要的意义。

第一节 基建管理中廉政建设的重要性和必要性

一、廉政建设的内涵

廉政建设是党和国家面临的长期重大任务，基本建设管理中的廉政建设，就是在现有廉政理论基础之上，针对高校基本建设管理的特点，对相关管理人员进行廉洁从政建设，形成教育为重点、制度为主导、监督为保障的廉政系统，以提升基本建设管理干部队伍整体素质，实现高校持续、稳定、和谐发展，是高校自身壮大的保障的需要，也是确保党、国家健康发展的需要，其主要目的是：

1. 保障高校基本建设工程质量

保证工程质量是高校基本建设工程的首要任务。一些不法施工单位和材料设备的供应商为了获取暴利，收买学校管理人员，与其内外勾结，在项目实施中偷工减料、掺杂作假、以次充好、以少报多，这就会严重损害建设项目的工程质量。只有有效地防止高校的腐败行为，才能严格按国家法律法规和甲乙方的合同的规定进行项目的管理，才能保障高校基本建设工程质量。

2. 和谐校园建设的需要

高校努力构建和谐校园是构建和谐社会的重要组成部分。高校基本建设领域中的腐败问题是不和谐的重要因素之一，直接影响学校的声誉，影响学校的干群关系，损害学校的党员领导干部形象，影响学校改革发展稳定的大局，不利于和谐高校的建设。

3. 为高校师生提供良好校园氛围

习近平主席 2018 年在北京大学考察时就明确提出：高校要牢牢抓住培养社会主义建设者和接班人这个根本任务，坚持办学正确政治方向，建设高素质教师队伍，形成高水平人才培养体系，努力建设中国特色世界一流大学。高校的根本任务是为社会培养更多的、合格的社会主义合格建设者和接班人，如果高校的管理者中存在严重的腐败现象，那何谈"学高为师，德高为范"，这直接影响到教育工作者的形象和人才培养工作。

二、廉政建设的重要性和必要性

高校是我国教育事业的主体，随着我国高等教育体制改革不断深入，高校得到迅猛发展，这也对高校基本办学条件提出了新的要求。为适应学校发展的需要，大量的基本建设资金投入，形成了巨大的资金市场，也同样成为权力寻租的隐患点。部分高校的基建管理人员在金钱和权力的诱惑下，在操作过程中选择牺牲学校利益，弄虚造假、逃避招标、规避招标或者提供虚假信息、设置不合理条件等，以各种名目混淆视听、照顾特殊关系，甚至利用自己的行政职权，直接把一些工程承包给自己的亲属进行施工等，使得基本建设工程在看似公开、透明的环节中进行非正常化的操作；在建设项目实施过程中，一些项目实施单位为了利益最大化，通过请客、送礼、娱乐等方式与基本建设管理人员相互串通，在部分环节上偷工减料、以次充好、虚增工程量、虚假签证等，给高校基本建设管理埋下了安全隐患。北京航空航天大学廉政课题组《高校基建领域廉政风险防控机制研究》结果显示，高校基建廉政腐败有多达 58 个廉政风险点[①]，教育部原副部长鲁昕曾在 2014 年年底的教育部直属高校基本建设工作会议上透露，基建工程案件占到全国教育系统职务犯罪情况统计总数的 24%。

在基建管理领域出现的损害高校和教育工作者形象的违法违纪事件，不仅影响了工程质量、安全，腐蚀了干部队伍，而且背离了高校育人为本的根本宗旨，严重影响党的形象。习近平总书记强调"要以新时代中国特色社会主义思想为指导，增强'四个意识'、坚定'四个自信'、做到'两个维护'，以党的政

---

① 汪红. 基建成高校腐败"重灾区"：总投资动辄几亿[N]. 法制晚报，2015-2-5.

治建设为统领，全面推进党的各项建设，取得全面从严治党更大战略性成果，巩固发展反腐败斗争压倒性胜利，一体推进不敢腐、不能腐，健全党和国家监督体系。"①，高校必须要深刻把握党的十九大赋予政治生态建设的新内涵新要求，严格落实党中央在新时期对党风廉政建设提出的新思想、新举措和新部署，根据高校基本建设的特点，不断加强党风廉政建设，才能适应新时代高校基建管理精细化要求，才能推动新时代高校高质量稳定发展。

第二节 新时代下高校基建管理中廉政建设面临的挑战

党的十八大以来，随着一些腐败分子被查处，廉政建设取得了巨大成果，社会风气取得了明显好转，有效扭转了腐败现象滋生蔓延的势头。高校内部的"四风"现象也得到明显遏制。随着我国社会经济的发展，各高校正在进行"双一流"与"双高"建设，基建规模不断扩大，也出现一些新问题、新现象，使得高校廉政建设面临诸多新的挑战。如何看待高校反腐败的基本形式、正确评价高校腐败现象的基本状况、把握高校腐败现象滋生蔓延的规律，从而有效的遏制消灭腐败现象，是高校的廉政建设值得深入研究的问题。

一、基建管理规范性不够

从我国高校所处的基本建设法律环境上来看，近年来，涉及反腐败方面的文件、规定已有不少，中央已经颁行了多个反腐倡廉的具体规定，各级教育行政主管部门按照中央部署和要求，大力推进高校基本建设治理体系和治理能力建设，也颁布实施了《关于深入推进高等学校惩治和预防腐败体系建设的意见》《严禁教育系统领导干部违反规定插手干预基本建设工程项目管理的若干规定》《教育部直属高校基本建设管理办法》等系列制度文件，并制定了《教育部直属高校中央预算内基建投资安排参考模型》，构建了项目评估、过程监督、验收评价等相对完备又体现高等学校特色的基本建设廉政风险防控体系。但就目前我

---

① 习近平在十九届中央纪委三次全会上发表重要讲话[EB/OL]，新华网，http://www. xinhuanet. com/politics/leaders/2019-01/11/ c_1123979062.htm，2019-1-11.

国高校的廉政建设情况来看，仍存在一些问题。一是有些内部机构设置不合理，缺乏科学论证，部门职责不清晰或权力过分集中，或者存在管理"真空"，还有部分"人治"而不是"法治"现象存在；二是基建管理内部制度不健全、不完善，特别是在项目决策、工程招投标、物资采购、施工管理等方面还没有建立成体系的规章制度和工作程序；三是存在规章制度和工作程序执行不力的情况，规章制度和工作程序虽已制定，但制度执行者或相关工作人员对制度规定重视不够，认识不到位，缺乏制度执行的自觉意识和责任意识，在实际工作中流于形式，执行制度不坚决、不彻底、不严格、不规范，并没有真正发挥其应有的意义和作用，存在腐败隐患，也就容易造成基本建设管理工作中的腐败。

二、自身面临的经济困难

高校基本建设管理中面临挑战的另一个原因是高校自身可能面临经济困难，这个经济困难主要是指两个方面的困难：

1. 校园基本建设资金的短缺

高校基本建设资金的来源虽然越来越多样化，但大部分高校建设资金最主要的来源仍旧是依靠国家的项目拨款，学校的自筹资金不稳定也不占主要部分，如何使用有限的经费来进行校园建设，提高教学设施的效力和效益，会面临很多具体困难。因此，一些高校在进行基本建设过程中，会时常面临资金紧张的情况，需要通过各种方式进行资金筹措。一些基本建设管理人员在面对社会各种复杂形势、矛盾和诱惑时，迷失了方向，犯下错误，对国家和个人造成损失。

2. 高校基本建设参与人员的薪资待遇较低

负责基本建设项目的教职工大都是行政后勤人员，受到的重视程度可能不及教学人员，收入也比很多单位从事建筑行业人员低，并且由于基本建设工作往往是在寒暑假进行，而且工期紧任务重，工作时间往往是区别于其他教职员工。如不能及时解决基建管理人员面临的问题，可能会对他们心理带来一定的影响，加上外界的各种诱惑，部分员工就容易走上腐败的道路。

三、在基本建设过程中监督力度不足

高校基本建设过程中监督力度不足，且自身缺乏对廉政建设的足够重视是高校腐败的重要内因。高校在进行基本建设的过程中，虽然基本建设、财务、审计、纪检监督等各项职能一应俱全，都有专门的部门负责，一般很少请外部第三方专业化的工程管理和监督审计力量来进行协助管理，但很多高校内部却没有一个强有力的监督制约机制来保证各项权利的正确运作，这就在一定程度上造成高校在基建领域的廉政监督力度不足，容易导致腐败行为的发生。因此，推进基建管理制度创新，规范权力运行，加大廉政风险防控工作力度与监督力度，是加强腐败源头治理和基建领域廉政工作的关键。

第三节 构筑高校基建领域的廉政建设防控体系

高校基本建设领域的廉政建设是高校管理的重要组成部分。随着我国建筑业与教育业的高质量发展，如何结合高校管理的实际情况，梳理基建管理廉政建设的关键点，建立相应的廉政风险防控体系，做好基本建设领域腐败现象的预防治标工作是高校党风廉政建设和反腐败斗争的迫切任务和主要课程。

一、加强思想政治教育

加强廉政文化建设，倡导"廉洁为荣、贪腐为耻"的价值理念，通过文化建设开展寓教于乐、形式多样的廉政教育活动，在政治账、经济账和情感账等方面进行分析比较，循循善诱，以理服人，以情暖人，以提高基建管理人员廉洁自律的自觉性；要一方面大力宣传全国高校基建领域的先进人物和事迹，一方面注重对学校各工作岗位上勤恳工作、清正廉洁的先进典型的发现和培养，引导基建管理干部以先进人物为榜样，指导和改进自己的工作；要通过对基建领域的反面典型人物的堕落过程和结果进行剖析，让基建管理人员引以为戒，洁身自好，不能重蹈覆辙，以身试法。

二、落实和完善各项规章制度

在高校基本建设管理中要更有效地预防腐败的产生，一方面要严格遵守国家基本建设法律法规、党纪党规，全面落实《招标投标法》《政府采购法》《严禁教育系统领导干部违反规定插手干预基本建设工程项目管理的若干规定》等法律法规；另一方面要建立细致科学、操作性强的制度体系，按照程序办事，规范工作流程，用制度管人管事；遵循基本建设程序，完善适应学校实际科学规范的基本建设管理制度，对已有制度进行有效梳理，建立健全立项论证、投资预算、设计、招标、工程变更、进度款支付等方面的制度，进一步规范基建工作管理；同时认真落实、贯彻执行，加强执行监督，才能既治标又治本，更有效、更彻底地解决腐败问题。

三、建立基建管理信息公开制度

公开透明是最好的防腐剂，也是搞好基本建设管理工作的重要手段。一方面对基本建设管理过程的所有工作内容，除国家法律法规强制性规定不允许公开的外，基本建设规划、项目进展情况、决策程序及结论、项目的后评价情况，尤其是涉及三重一大事项、工程项目的招投标情况、重大设计变更情况等，一律向全校师生员工公开发布，将基本建设管理工作全过程情况公开置于各参与主体和全体师生员工的监督之下，保证群众的知情权；另一方面要使基本建设公开有章可循、规范运作，自觉接受群众监督，群众监督程序要公开，让项目建设各参与主体和师生员工了解监督规则，让监督活动按照既定规则进行，以便让群众话有地方讲，怨有地方诉，难有地方解；三是要及时处理和公示群众反映的各种问题，保证群众监督落到实处，促进基本建设项目实施全过程的公平公正，不能搞形式主义、雷声大雨点小等的行为，从而影响干群关系、影响党的形象。只有坚持党的群众路线，紧紧依靠全校师生，时刻保持清醒的头脑，全心全意为学校服务，才能搞好学校的基本建设管理，为学校的发展提供有力的保障。

四、实行基本建设工作民主评议

通过在网上或校园内设立举报信箱、召开各种层次和类型的座谈会、同志之间的交心谈心等多种方式，从地勘设计、施工、监理、过程控制等合作单位及学校内与基建管理有关的人员中收集掌握在基本建设管理过程中出现的苗头性、倾向性的违规违纪问题，并及时进行纠正和处理；以普通师生员工为主，用调查问卷的方式让他们对基本建设项目的实施情况进行评议，把评议结果作为对基本建设管理部门和人员的工作考核依据之一；建立特邀监督员制度，增强民主监督力度,在学校师生员工或校外人员中聘请一些党性强、作风正、懂业务、敢于仗义执言的同志担任基本建设管理工作特邀监督员,赋予他们一定职责和权力,让他们参与基本建设管理过程,听取他们的建议和意见。使基本建设管理自觉接受各方面监督,各个环节公开透明、在监督中依纪依规开展。

五、建立集体决策制度

基本建设过程中要坚持决策的公开、透明、准确,防止别有用心的人员违反规定,保护干部职工。一般问题由基本建设管理部门内部各专业人员集体商议研究,按相关规定决策,重要的事项,需由基建管理、纪委监察、审计、财务、工会等相关部门共同会议研究,多方面听取意见,然后报学校校务会或党委会决策,特别对于重大基建事项必须贯彻落实"三重一大"有关规定,任何部门和个人不得擅自决定。

六、开展基本建设廉政防控

搞好高校基建领域的廉政风险防控是防止基建腐败的有效手段之一。搞好廉政风险防控,筑牢廉政防线,很多高校也做了尝试,并取得了一定成效。

首先,要对高校基本建设管理工作进行清权确权。明确高校基本建设管理各岗位职责,确定岗位权限,清理权力边界,优化权力结构,规范用权流程。对确定的职权进行分项梳理,按照"程序严密,流程简便"的要求,优化权力运行流程,绘制"权力运行外部流程图",明确每一项职权的办理主体、条件、程序、时限和责任等。

其次,排查高校基本建设管理廉政风险点。结合高校基本建设工作的实际情况,通过自己找、同事点、领导提、群众帮、专家评审等办法,全面地排查岗位职责风险、业务流程风险、思想道德风险、制度机制潜在风险、外部环境风险[①]。

再次,综合分析基本建设工作的廉政风险,针对查找出来的廉政风险点和确定的风险等级,进一步围绕岗位职责、业务流程、制度机制等来完善和强化基本建设管理廉政建设工作前期防控措施、中期控制措施和后期处置措施,建

---

① 李林,邹贵爽,曾向全. 构建廉洁风险管控体系,保障基层供电企业高质量发展[J]. 广西电业,2019(10):43-49.

立健全廉政风险档案。明确各岗位人员职责范围、权力范围、工作标准要求，实现工作任务、廉政目标和岗位责任相统一，堵塞制度执行方面存在的漏洞，纠正存在的问题，进一步加强制度建设，完善工作程序，强化廉政监督，保证各项工作的规范运行等，努力降低廉政风险。

七、全过程跟踪审计

"反腐败"不如"防腐败"，搞好预防腐败的警示工作将会对廉政建设起到事半功倍的效果。全过程跟踪审计，指对建设工程项目从投资、立项到竣工交付使用各阶段经济管理活动的真实、合法、效益进行监督、控制和评价，从而达到有效控制并真实反映工程造价、降低工程建设成本、提高投资效益、完善建设工程管理、促进廉政建设的目的[①]。教育部《教育系统内部审计工作规定》（教育部令第 17 号）及教育部《关于加强和规范建设工程项目全过程审计的意见》（教财〔2007〕29 号）和中央纪委、教育部、监察部联合下发的《关于加强高校反腐倡廉建设的意见》（教监〔2008〕15 号）等相关文件已经对基本建设工程管理全过程跟踪审计做出了详细规定。高校基建项目的审计工作提早介入，参与工程的立项、地勘、设计、招投标、合同、施工等事项的监督，可以减少工程项目建设过程中的一些不良行为，有利于促进工程建设方案的规范实施，提高经费的使用效益，维护学校的合法权益，提高基本建设管理水平，预防和抑制腐败行为的发生。

基本建设工程跟踪审计的重点主要有：审核工程项目立项程序是否合规，立项资料是否齐全；审核招标文件内容的完整性，监督整个招标程序的执行情况；审核合同责、权、利及违约条款的完整性和合理性；审核招标清单的工程项目、项目特征、工程内容和工程量的准确性及完整性；通过采用核对等方法，对投标单位的投标清单报价进行基础性数据分析，审核投标清单报价的合理性，找出其清单中可能存在疑义或异常的数据；对主要隐蔽工程及工程验收的审核；对大宗材料及设备价格的审核；对工程变更的合理性、合规性审核；根据工程进度，审核实物工程量及工程进度款；工程索赔的审核；竣工结算资料的完整性、真实性审核；结算造价的审核；财务决算报告及相关资料审核等。

通过拓宽审计内容，在基本建设工程项目的各阶段或期间对设计、监理、

---

① 曾慧群，郑方. 高校建设工程造价全过程跟踪审计的探讨[J]. 现代商贸工业，2020，41（36）：99-100.

施工、合同管理等的事前、事中、事后管理过程进行全方位审计监督，有力的规范工程管理，提高投资效益，保证资金使用的安全合理，有效遏制腐败现象发生，也提升高校基建管理水平。

八、基建管理队伍的严管厚爱

加强基建建设管理队伍建设是保证工程项目顺利开展的前提和基础，是提高建设整体管理水平的重要手段和保障。一是高校中的基本建设管理队伍专业化水平相对专业的施工、设计、监理都较低，管理人员对相关法规政策的把握、专业知识的运用、现场协调和解决问题的专业能力还需不断加强，需从整体上提高基建管理队伍的专业化和精细化水平，强化责任意识、规矩意识、廉洁意识，做到心有所畏、言有所戒、行有所止，才能在参与基建工程项目决策和管理过程中，使基建工作中的每一步骤都按规定程序实施，公开透明，避免人为操控和干预，减少基本建设管理中的廉政风险，达到基建管理的实效[①]。二是对在基本建设管理过程中发生的一些违规违纪的人和单位，要及时提醒和制止，并按有关规定及时处理，不得姑息养奸；这样不仅有利于教育广大干部的成长，也有利于学校的建设和发展。三是对基本建设管理人员既要"严管"，也要"厚爱"，激励和调动他们的工作积极性和创造性，对基本建设管理相关人员既要加强管理和监督，也要在工作中、生活中多加以关爱，帮他们解决实际困难和问题。

---

① 夏开成，张忠. 新时代高校二级学院纪委工作创新路径思考[J]. 科技风，2020（12）：206.

参考文献

[1] 朱俊. 工程代建制模式下政府投资项目风险管理方法研究[D]. 武汉科技大学, 2006.

[2] 沈宏. 云南德钢投标项目风险管理研究[D]. 沈阳：东北大学, 2011.

[3] 万珍珍. 高校基本建设管理现状及措施研究[J]. 项目管理技术, 2019（03）: 143-148.

[4] 郭霄鹏. 陕西省划转高校基建工程项目管理模式研究[D]. 西安：西安石油大学, 2012.

[5] 柴焕芳. 新时期做好高校基本建设管理工作的几点思考[J]. 价值工程, 2013（25）: 214-215.

[6] 蔡涯. 优化高校基建项目管理模式研究[J]. 福建师大福清分校学报, 2019（03）: 109-112.

[7] 王文静. 高校基建监管过程中存在的漏洞及其对策[D]. 苏州：苏州大学, 2017.

[8] 盖世杰, 保其长, 林葎, 宓林. 试论我国高校基建管理的发展趋势[J]. 建筑经济, 2019（09）: 20-23.

[9] 汤艳丽. 浅议基本建设项目资金管理现状及对策[J]. 西部财会, 2019（12）: 45-47.

[10] 贺志军, 戴习军. 高校基建工程管理存在的问题及对策[J]. 中国建设教育, 2014（04）: 44-47.

[11] 谢家举. 提高我国高速公路客运组织化程度政策研究[D]. 西安：长安大学, 2001.

[12] 段小莉. 对"转型期"高职院校内部管理的相关思考[J]. 吉林省教育学院学报（学科版）, 2010（07）: 1-2.

[13] 赵凤敏. 劳动合同法引领人本管理新时代[J]. 中国青年政治学院学报, 2010（01）: 96-99.

[14] 周和平. 人本管理概述人本管理（一）[J]. 现代班组, 2019（07）: 18-19.

[15] 罗鹏. 关于绿色生态可持续发展建筑设计要点分析[J]. 中外企业家, 2020（11）: 137.

[16] 范小金. 高校基建工程管理的实践与探索[J]. 福建师大福清分校学报,

2012（02）：99-102.

[17] 张若筠，李平，张晓峰. 高校基建交互工作管理信息平台建设与运用[J]. 建筑经济，2018（07）：118-120.

[18] 王力淑. 高校基本建设管理问题研究[D]. 长春：吉林财经大学，2012.

[19] 黄正东. 加强高校基建管理队伍建设探究[J]. 黄冈职业技术学院学报，2014（01）：84-86.

[20] 吴玲，刘宗志. 高校基建项目精细化管理实践与探索[J]. 价值工程，2012（09）：239-240.

[21] 庞玉娴，秦学恩. 高校新校区建设项目前期可行性研究存在的问题及对策[J]. 产业与科技论坛，2009（06）：143-145.

[22] 吴玲，刘宗志. 高校基建项目精细化管理实践与探索[J]. 价值工程，2012（09）：239-240.

[23] 侯红英. 高校基建项目决策与设计阶段成本控制研究[J]. 武汉船舶职业技术学院学报，2012（05）：58-60.

[24] 王鹏，张瑞玫. 高校基建项目工程前期管理探索与研究[J]. 兰台世界，2014（S6）：37-38.

[25] 王新红. 项目可行性研究对策研究[J]. 现代经济信息，2009（02）：144-145.

[26] 刘珊. 建筑工程招投标管理探讨[J]. 中国新技术新产品，2012（11）：153.

[27] 薛树云. 建设工程项目的招投标管理研究[J]. 绿色环保建材，2019（09）：193+196.

[28] 陈婧珍. 加强建设工程招投标管理工作的重要性[J]. 建材与装饰，2019（34）：149-150.

[29] 薛洪. 建筑工程招投标管理中常见问题和对策[J]. 建材与装饰，2019（31）：193-194.

[30] 罗银安. 案例分析工程招投标过程中的不规范行为[J]. 北方经贸，2013（03）：123+129.

[31] 王建明. 建设工程招投标管理存在的问题及对策分析[J]. 居舍，2020（03）：145.

[32] 廖立宪. 招投标过程中存在的问题及应对策略[J]. 工程建设与设计，2020（01）：280-282.

[33] 付志勇. 做好高校基建合同管理工作的思考[J]. 时代金融，2013（02）：48+52.

[34] 黄正东. 加强高校基建合同管理的思考与探讨[J]. 河南建材，2014（06）：

53-55.

[35] 黎迪斯. 浅谈新形式下高校基建合同的管理[J]. 法制与社会, 2012（13）, 192-193.

[36] 杨彦德. 建筑工程合同管理特点探析[J]. 住宅与房地产, 2019（04）: 137.

[37] 王军, 马静. 浅谈施工阶段工程承包合同管理[J]. 科技信息, 2010（17）: 851-852.

[38] 陈风国. 铁路建设施工项目合同管理及索赔机制研究[D]. 保定：华北电力大学, 2009.

[39] 刘磊. 高校建设工程合同管理中的问题及建议[J]. 合作经济与科技, 2019（07）: 126-127.

[40] 匙静. 建设单位如何降低建筑工程合同管理中的风险[J]. 智库时代, 2019（11）: 54+64.

[41] 汪韵秋. 高校基建项目合同管理体系研究与应用[J]. 建筑经济, 2013（03）: 68-70.

[42] 刘艳文. 新世纪高校新校区规划与教育建筑设计探索[D]. 天津：天津大学, 2017.

[43] 李鸥. 我国高校校园规划研究[D]. 哈尔滨：哈尔滨工业大学, 2009.

[44] 骆源喜. 高校信息化智慧校园设计规划研究[J]. 福建电脑, 2018（11）: 96-98.

[45] 郭春颖. 浅谈县乡区域建设工程安全监理[J]. 中国工程咨询, 2014（02）: 58-59.

[46] 刘保国, 殷凤环. 建筑工程监理管理存在的问题及对策研究[J]. 产业与科技论坛, 2014（02）: 229-230.

[47] 高洪昭. 企业战略转型路径研究——一个基于广州南华公司业务转型的案例分析[D]. 厦门：厦门大学, 2018.

[48] 芦国富. 浅谈建设工程监理与工程项目管理的关系[J]. 山东工业技术, 2013（08）: 106+54.

[49] 谢东. 浅谈建筑工程施工质量安全控制与项目管理[J]. 广西城镇建设, 2012（08）: 95-98.

[50] 罗星. 关于工程监理企业转型发展模式的研究[D]. 北京：北京建筑大学, 2018.

[51] 陶冬华. 建筑工程监理工作现状分析与对策研究[J]. 江西建材, 2012（03）: 309-310.

[52] 韩国波. 建设工程管理过程中的监理作用缺失问题及改进建议[J]. 建设监理, 2014（07）: 55-57.

[53] 邱佳, 黄煜楷, 尹虎. 监理企业信息化系统建设及未来发展思路探索[J]. 建设监理, 2019（11）: 25-29+71.

[54] 连显跃. 建筑工程设计项目过程质量控制方法及应用[D]. 郑州: 郑州大学, 2007.

[55] 谢延友. 甘江沟提灌工程勘察阶段质量控制研究[J]. 矿山测量, 2013（02）: 40-42.

[56] 黄锦. 如何做好工程项目设计管理[J]. 中华建设, 2019（02）: 46-47.

[57] 李兰. 高校基建工程设计管理要点与建议[J]. 中华建设, 2016（07）: 28.

[58] 蒋吉明. 高校实验室建设管理之设计管理[J]. 城市建设理论研究（电子版）, 2018（27）: 74.

[59] 严明. 高校基建项目管理重点探讨[J]. 南京工业职业技术学院学报, 2014（02）: 57-59.

[60] 李小燕. 设计阶段市政工程造价的有效控制措施研究[J]. 建材与装饰, 2020（11）: 118-119.

[61] 朱一敏. 目标成本法在房地产项目全过程中的应用研究[D]. 石河子: 石河子大学, 2020.

[62] 孙威期. 农村公路质量管理体制及运行模式的研究[D]. 长沙: 湖南大学, 2008.

[63] 李志宏. 论建设单位在工程质量管理中的影响力[J]. 价值工程, 2011-12-08.

[64] 赵霞, 颜怀志. 论建筑工程质量管理[J]. 中国校外教育, 2012（09）: 119-120.

[65] 方奇, 李捷. 建设单位工程进度管理要点分析[J]. 建材与装饰, 2018（43）: 154-155.

[66] 韩玲. 建设单位在建筑工程中如何做好安全管理工作[J]. 江西建材, 2017（17）: 274-275.

[67] 孙泽新. 建设单位在工程施工中的安全管理[J]. 建筑安全, 2007（08）: 20-21.

[68] 王文斐. 高校基建工程管理的现状分析及控制措施[J]. 建筑安全, 2015（02）: 48-51.

[69] 虞刚. 谈谈业主对工程进行造价的控制[J]. 科技资讯, 2006（27）: 110.

[70] 张文在. 小型基建项目过程管理初探[J]. 居舍, 2019（09）: 152+181.

[71] 吴林娇. 工程项目竣工结算管理研究[J]. 行政事业资产与财务, 2012（16）:

180-181.

[72] 缪爱英，邱艳，管志权. 新形势下高校基建档案管理存在的问题及对策[J]. 现代农业科技，2018（24）：254-255+262.

[73] 王丽娜. 高校基建工程财务竣工决算管理模式探讨[J]. 教育财会研究，2019（03）：85-87.

[74] 蔡华珍. 高校基本建设项目竣工财务决算问题探析[J]. 行政事业资产与财务，2019（08）：73-74.

[75] 谢能伟. 高校基建档案的特点及其归档存在的问题、对策[J]. 兰台内外，2019（25）：79-80.

[76] 赵蕴铭. 安徽省高校基建项目后评价探析[J]. 铜陵学院学报，2013（06）：81-83.

[77] 陈支武，吴淑沛. 保障性住房建设项目后评价探析[J]. 湖南工业大学学报（社会科学版），2014（04）：24-28.

[78] 杨建斌，张慧. 高校基建项目后评价研究[J]. 兰台世界，2009（06）：32-33

[79] 付晓宇. 高等学校建设项目后评价研究[D]. 天津：天津大学，2014.

[80] 和希顺，曹飞. 坚持党的群众路线 加强高校基建管理干部党风廉政建设[J]. 学校党建与思想教育，2014（10）：89-90.

[81] 吴玉刚. 高校基本建设领域的腐败现象与对策研究[J]. 经济师，2012（01）：53-54+56.

[82] 教育部直属高校基本建设廉政风险防控手册. 图文. 百度文库. 互联网文档资源（https://wenku.baidu.）

[83] 陈广益，杨灿. 法律生态化视角下高校贪腐的预防与治理研究[J]. 时代法学，2011（05）：69-74

[84] 宋太凤. 浅谈建设工程招标文件的编制[J]. 安徽建筑，2016（03）：318-319.

[85] 建筑工程招投标管理之我见[EB/OL]. https://www.xzbu.com.

[86] 颜兴中. 中国公办普通高校基本建设项目前期管理研究[D]. 长沙：中南大学，2011.

[87] 张若筠，李平，张晓峰. 高校基建交互工作管理信息平台建设与运用[J]. 建筑经济，2018（07）：118-120.

[88] 刘薇，张世凭. 四川高职教育发展的现状、问题及对策[J]. 教育与职业，2016（04）：21-24.

[89]《中华人民共和国建筑法》（1997年11月制定，2011年4月，2019年4月

修订）

[90]《中华人民共和国安全生产法》（2014年8月修订，自2014年12月1日起施行）

[91]《中华人民共和国政府采购法》（2003年1月）

[92]《城市建设档案管理规定》（2001年6月）

[93]《房屋建筑工程质量保修办法》（2000年6月）

[94]《房屋建筑和市政基础设施工程竣工验收备案管理办法》（住房和城乡建设部，2009年10月）

[95]《房屋建筑和市政基础设施工程施工招标投标管理办法》（住房和城乡建设部，2019年3月）

[96]《工程建设项目勘察设计招标投标办法》（国家发展和改革委员会，工业和信息化部，财政部，住房和城乡建设部，交通运输部，铁道部，水利部，国家广播电影电视总局，中国民用航空局，2013年5月1日）

[97]《工程建设项目施工招标投标办法》（国家发展和改革委员会，工业和信息化部，财政部，住房和城乡建设部，交通运输部，铁道部，水利部，国家广播电影电视总局，中国民用航空局，2013年5月1日）

[98]《工程建设项目自行招标试行办法》（国家发展计划委员会主任办公会议第五号令，2000年7月1日）

[99]《建设工程勘察设计管理条例》（国务院，2017年10月7日）

[100]《建设工程安全生产管理条例》（国务院于2003年11月24日发布，自2004年2月1日）

[101]《建设工程质量管理条例》（国务院，2019年4月23日）

[102]《中华人民共和国招标投标法实施条例》（2011年11月30日国务院第183次常务会议通过，自2012年2月1日）

[103]《中华人民共和国政府采购法实施条例》（国务院，2015年3月1日）

[104]《教育部直属高校基本建设管理办法》（教育部，2017年4月11日）

[105]《四川省省属高等学校基本建设管理办法》（四川省教育厅，2020年7月8日）

[106] 颜兴中. 中国公办普通高校基本建设项目前期管理研究与时间[M]. 长沙：中南大学出版社，2013.

[107] 王大伟. 高校后勤管理的理论与实践研究[M]. 北京：中国纺织出版社，2019.

[108] 李笑. 高等学校基本建设管理[M]. 北京：中国建筑工业出版社，2012.

[109] 马海军. 高校廉政建设研究[M]. 北京：知识产权出版社，2016.